担当制で進める
0・1・2歳児の保育の基本

西村真実／著

ひかりのくに

はじめに

　3歳未満児の保育は、子ども一人ひとりの個性や発達による違いが大きいため、それぞれの子どもに応じた援助が求められるものです。保育者なら誰でも「一人ひとりの子どもを大切にしたい」と願い、それを保育場面で実現させたいと毎日の保育実践に取り組んでいます。「子どもに寄り添う」「丁寧な保育」を目指して"担当制"を取り入れようとしたけれど、「"担当制"がよく分からないんです」「"担当制"って難しい」そんな悩みを聞いてきました。

　そもそも"担当制"という言葉は、1999年に改定された保育所保育指針で初めて用いられましたが、その方法が示されたわけではありません。"担当制"には今なお明確な定義がなく、保育者や保育施設ごとに解釈が異なり、それぞれのやり方で試行錯誤が続けられてきました。

　『月刊 保育とカリキュラム』の連載では、「一人ひとりの子どもに対して特定の保育者が確実に援助を行なう手法」として育児担当制を紹介してきました。連載の性格上、「援助の手法」に焦点化して解説を進めてきたため、基本的な考え方や、生活の流れなど詳細については拙著『育児担当制による乳児保育　子どもの育ちを支える保育実践』(中央法規)をご参照ください。

　「一人ひとりを大切にする」、言葉で言うのは簡単です。この連載では、実際に子どもと向き合って、何をどうするのか、なぜそうするのか、という手法を解説していきました。個人差の大きい3歳未満児だからこそ、一人ひとりに応じた的確な援助が求められます。また、子どもの年齢が低いほど、特定の保育者との間に結ぶ情緒的絆は重要です。その絆を基盤として、保育者が子どもを理解すればするほど、生活場面での援助はより細やかに、子どもに応じた援助を行なうことが可能になります。一対一で、細やかな援助を受けて育つ子どもは、徐々に自分でできることを増やし、確実に基本生活習慣を身につけていきます。子どもなりに「自分ができること」や「自分が何をするか」を理解していることで、自分で行動する力が育まれます。子どもはどんなに幼くても、自分で遊ぶ力、育つ力を有しています。"担当制"とは、そうした子どもの力を見守り、支え、必要な場面で細やかに援助を行なう保育の方法です。それによって、安心して遊び、生活するだけではなく、子ども自身の力を発揮して発達のプロセスを進んでいきます。それを支えるのが"担当制"です。

　3歳未満児の集団保育とは、子どもが集団の一員として活動することではありません。他の子どもと同じ保育室の中で、一人ひとりが安心して「自分自身でいられる力」を獲得するプロセスを歩むことです。幼児期に、自分で生活し、遊びの主体となって活動できるように、3歳未満児の時期に経験するべきことは、「行為の主体である経験」を確実に積み重ねることです。"担当制"の目的は、子どもの育ちをより豊かに、そして確実に支えることにあります。本書が、"担当制"への理解を進め、子どもの育ちが豊かに支えられる営みの一助となることを願ってやみません。

西村真実

もくじ

1章 「育児担当制」とは

2章 愛着形成と応答的環境

写真で分かる！　環境構成

0・1・2歳児の保育の環境構成における大切な視点について、園での実践事例を写真で示しながら解説します。

押さえておきたい！　0・1・2歳児の保育の基本

育児担当制の考え方や、生活や遊びにおける保育者の援助や環境構成、保育所保育指針についてなど、0・1・2歳児の保育の基本を分かりやすく解説します。

明日からできる！　実践紹介

生活や遊びにおける様々な保育場面で、０歳児、１・２歳児、２歳児の各年齢の子どもたちに対して具体的にどのような援助や環境構成が大切であるのかを紹介します。

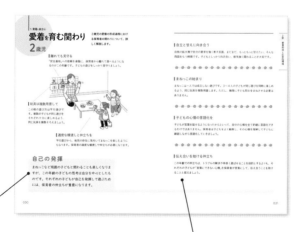

各年齢に見られる発達の特徴、援助や環境構成の視点など、特に意識したい点を示します。

具体的な援助や環境構成を紹介します。

0・1・2歳児の保育の環境構成

▋保育所保育指針で示される「環境」とは

「環境を通して養護と教育を一体的に行なうこと」で示される「環境」とは、子どもを取り巻くたくさんの「人」、子どもが遊び、生活することを支える道具や家具のある「空間」や「時間」、そして「自然」と、その移ろいが暮らしの中に取り入れられた「行事」などを指します。

※ P.32「応答的環境」参照

▋「人的環境」と「物的環境」を整える

子どもが安心して過ごせるための人的環境とは、子どもが情緒的な絆を結ぶ特定の保育者に他なりません。子どもの視界には、大人が入ることはもちろん、同時に、子どもが自ら遊びたくなるような玩具を十分に用意し、物的環境を整えます。

※ P.114「乳児保育に関わるねらい及び内容」参照

▌「物的環境」を整える上で大切な視点

① 発達プロセスを想定する
※ P.114「乳児保育に関わるねらい及び内容」参照

トンネルなどの遊具や玩具は、子どもが自分で動きたくなるような仕掛けとして機能します。自分で動き始めた子どもが、どのような動きを経験するか、それが子どもの発達のプロセスをどのように支えるか、想定することが大切です。

② 様々に応答するシンプルな玩具 ※ P.32「応答的環境」参照

豊かで応答性のある環
境とは、子どもからの働
き掛けや周囲の状況に
応じて様々に変化する
環境です。そのような
環境を整えるために、
玩具はその働き掛けに
よって、様々な「応え方」
をするものを選ぶことが
大切です。

ここで求める「応答」は、電気仕掛
けの決まった形態のものではありま
せん。シンプルな玩具は、様々に
応答を変化させることができます。

③ 子どもが遊びだしたくなる仕掛け

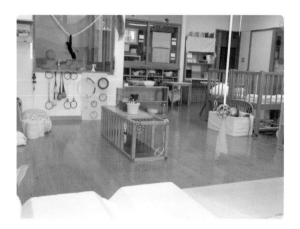

生活習慣の確立と遊び環境には、強いつながりがあります。子どもが自分から遊びだしたくなるような環境を、子どもの発達課題を踏まえて適切に整えることが大切です。

※ P.48「生活習慣と遊びのつながり」参照

子どもが自分から遊び始められるようにするためには、子どもが働き掛ける対象となるものが、常に子どもの視界に分かりやすく入っていることが重要です。

※ P.114「乳児保育に関わるねらい及び内容」参照

③ 子どもが遊びだしたくなる仕掛け

つかまり立ちをしたときに、目に入ったものなどに興味が向かうとき、それが意欲となって、次の子どもの行動を促します。このように、子どもが興味をもったものに働き掛けることが、ひとり遊びの始まりです。

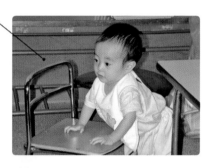

ひとり遊びが始まるように、つかまり立ちの姿勢の子どもの視界や動線を考慮し、発達に応じた玩具や遊具を配置しましょう。

配置をするときは、子どもが興味をもって遊びたい！　と思える玩具を、子どもの手の届く所に十分な数を用意することが大切です。

※ P.76「遊びを保障する環境構成」
参照

④ 玩具は十分な数を用意する ※ P.102「ひとり遊びから協同遊びへ」参照

人数や発達課題を踏ま
え、十分な数の玩具を
用意しましょう。

平行遊びの時期には、
複数の子どもが同じ遊
びをするので、一人ひ
とりが興味や関心に応
じて様々な遊びを十分
に楽しめるよう、同じ
玩具を複数用意するこ
とが必要です。

⑤ 5領域を意識する ※ P.116「1歳以上3歳未満児の5領域」参照

子どもの主体的な活動を生み出すためには、豊かな環境を整えることが大切です。子どもの発達の状態を見極め、5領域の内容を意識しながら発達課題を把握し、興味や関心を踏まえて子どもの主体的な遊びを生み出す環境を構成することが、経験の豊かさにつながります。遊びが5領域のどの項目に該当するかを考慮し、望ましい経験が

できるように玩具を用意しましょう。また、子どもが自分で選んだ遊びを楽しめるよう、遊びの選択肢を用意し、遊ぶ時間を保障します。

ごっこ遊びで経験する「ことばによるやり取り」[言葉]、「保育者や友達とのやり取り」[人間関係]、道具(玩具)を扱うことによる数量の体験[環境]などが意識された環境です。

ハンドルの付いた囲いの玩具は、中に入って遊ぶ際に足を上げる動作［健康］を伴います。これは、発達課題であるズボンの着脱動作を遊びの中で経験できるといえます。

お世話遊びのコーナーには、人形、布団、エプロン、バッグなど、お世話遊びを充実させるための道具を十分にそろえます。

遊びの中に含まれる「人間関係」「環境」「言葉」などの5領域の要素を想定しましょう。コーナーにそろえられた様々な道具を使って行なう遊びの中に、どの領域のどの要素が含まれるかを把握し、全体像を確認します。

⑤ 5領域を意識する

生活場面の中にある、「健康」「人間関係」「環境」「言葉」「表現」の5領域と
その要素を意識することが、生活の中で行なう発達援助、すなわち教育的援助
をより確かなものにします。保育者の意識的な援助によって、子どもの育ちが
より豊かで充実したものとなります。

食事は、いつも同じ場所で、同じ保育者が援
助の手順を守りながら進めていきます。その
中で、子どもが行為に参加し、主体的に行為
を行ない、保育者は子どもが一人でできない
ところを助けていきます。

1章
「育児担当制」とは

「育児担当制」とはどのような保育の方法なのか、
その基本を解説していきます。

「育児担当制」の基本

育児担当制とは

　育児担当制とは、食事・排泄・着脱などの生活場面で、特定の保育者が特定の子どもを継続的に担当し、援助する保育の方法です。このとき、子どもの「第二の担当者」を決めておくことで、担当の保育者が不在のときも援助がスムーズに行なえます。

特定の子どもを担当する
特定の保育者

　特定の保育者が特定の子どもを継続的に担当する理由に、両者の間に結ばれる情緒的関係、つまり愛着の形成が挙げられます。愛着は子どもの発達の基盤ともなるものです。それは子どもが特定者との間に結ぶもので、特定者とは「複数担任の誰かがいればいい」という漠然としたものではなく、たとえば「さかいはつえ」先生というような、固有名詞を有する一人の保育者をさします。一人の子どもにとってその保育者が、「特別で大好きな人」となり、「この人といると絶対安心だから大丈夫」と確信できる安全基地となります。

　保育の場は、子どもにとって家庭外であり「社会の場」でもあります。だからこそ、子どもの心の安全基地となる人が必要なのです。

一人ひとりを尊重する
生活と遊び

　育児担当制では、子ども一人ひとりの生活リズムを尊重して、特定の保育者が担当する特定の子どもを決め、子どもの生活の流れに合わせて保育者の動きと環境をしっかりと組み立てて保育を行ないます。全員で一斉に排泄や食事をしたり、同じ遊びをしたりすることはありません。むしろ3歳未満児のクラスで、子ども全員が一斉に同じ行動を取ることは不自然です。一人ひとりの子どもの体のリズム、生活や発達のペースに合わせて援助を行なうことが、一人ひとりの子どもを尊重する丁寧な保育の在り方といえます。

子どもが力を
発揮することを支える

　特定の保育者が日常的に特定の子どもの援助を行なうことで、保育者の子ども理解は深まります。担当する子どもが、今、何ができるか、そして何が課題となるかを詳細に理解し、できることは子どもに「渡し」、できないことを支えていきます。子どもが新たな行為を獲得するプロセスを丁寧に支えるということです。子どもが意欲をもって「自分で行なおうとする」からといっても、全てを自分でできるわけではありません。「できること」を見極めて、その部分を渡すということは、子ども自身が力を発揮できる場面をつくり、それを支えるということです。

　また、生活場面での援助は、特定の保育者が「いつも同じ手順」で行ないます。それは、子どもにとって「いつも同じ」安定した生活です。「いつも同じ手順」を守ることで、子どもは次に何をするのか、予測が可能になり、自分で行為をしやすくなります。

広げてからね

➡たとえば食事場面でも、特定の子どものことを誰よりもよく知る保育者が、子どものできること、できないことを的確に見極めながら援助します。子どもが情緒的関係を結び、複数担任の中で誰よりも信頼できる保育者が援助をすることで、子どもの安心を十分に確保することができます。

保育者間の連携

　育児担当制では、保育者が特定の子どもの個別援助を行ないます。その間、保育者が担当する他の子どもは自分の遊びを楽しみ、担当以外の保育者がその様子を見守ります。保育者は、自分が担当する子どもの生活の流れだけでなく、担当以外の子どもの生活の流れや他の保育者の援助の流れを理解し、自分以外の保育者が担当の子どもを援助するときのサポート役を果たします。育児担当制は、特定の子どもと保育者だけで完結するものではなく、クラス内の保育者同士のサポートが不可欠です。それによって、一人ひとりの子どもへの丁寧な援助が成立するのです。

遊びの充実①　空間の保障

　子どもが落ち着き、集中して遊ぶためには、遊ぶための道具（玩具）と空間が必要です。遊びのための空間は、常設であることが大切です。子どもが自分で遊びを選ぶには、まず遊びのための道具がどこにあるかを子ども自身が分かっている必要があります。そして、自分で選んだ玩具でじっくり遊ぶことができるスペースも必要です。子どもが落ち着いて遊ぶためには、数人の子どもが一緒にいても、互いの遊びが保障されるとともに、他の遊びから干渉されないよう、ある程度の空間が必要です。

　育児担当制では、食事、排泄、着脱などの生活は、特定の保育者と子どもで行なうことが基本です。そのため、少人数での活動となり、生活のための空間はコンパクトなスペースで十分です。その分、常設の遊びスペースも十分に設けることが可能となります。

⬆右側が生活のための空間、左側が遊びスペースとなっており、それぞれの空間が保障されています。

遊びの充実②　時間の保障

　子どもが見通しをもち、安心して生活するとともに、好きな遊びをじっくり楽しむためには、そのための時間がきちんと保障されている必要があります。育児担当制では、一人ひとりの子どもの生活時間がスムーズに流れるよう日課を組んで保育を進めます。クラス全体の流れに一人ひとりの子どもが適応するという捉え方ではありません。子どもが必要以上に待たされたり、遊びが中途半端に終了されたりせずに過ごせるよう、子どもにとっての心地良い時間の流れ方を重視します。それによって、子どもが十分に遊ぶ時間が保障されるのです。

2章
愛着形成と応答的環境

愛着の形成過程における保育者の関わりや、

子どもの主体的な活動を促す応答的環境について、

解説していきます。

1. 愛着と自立心

ネガティブな心情からポジティブな心情へ

　初めて出会う環境、初めて出会う保育者に、子どもが不安や心配などネガティブな心情を抱くのは当然のことです。特定の保育者がそうした不安を受け止めることで子どもは落ち着き、安心感を抱くことができます。いつも同じ保育者が、いつも同じように援助する、「いつも一緒」で「いつも同じ」が子どもの安心感をより高めます。特定の保育者の存在が、子どものネガティブな心情を、安心や信頼などのポジティブな心情へと転換するのです。クラス担任なら、誰でもいいというものではありません。保育者が特定の子どもに関わることは、子どもの安心に欠かせない「特別な人」になるということです。不安を抱く子どもにとって、心の安全基地ができることが、基本的な情緒の安定につながります。子どもの情緒の安定には、特定の保育者の存在が不可欠です。

←子どもとの関係は保育者からの愛情はもちろんですが、子どもから保育者にも信頼と愛情が向けられ、双方からの信頼によって築かれるものです。

愛着から自立心へ

　特定の大人との情緒的な絆を愛着と呼びます。子どもの主体的な行動である探索活動と、愛着を求める関係は対にあります。子どもの探索活動は、愛着対象が近くにいることで活発になり、愛着対象が離れてしまうと探索活動も減少します。この時期の子どもが意欲的かつ主体的に遊ぶためには、愛着対象となる特定の大人が近くにいること、常に視界の中に存在していることが大切です。ともすれば愛着を"甘え"や大人による"抱え込み"として、それが自立を遅れさせる、という言説がありますが、それとは全く逆のもので、しっかりと愛着を形成することこそが、子どもの主体的な行動の基盤となるのです。

⬆特定の保育者と絆がしっかり結ばれていることで、子どもの情緒は安定し、安心しているからこそ遊びに没頭できます。特定の保育者との絆は、子どもの主体的な行動の「見えない基盤」となるものです。

愛着が育てるもの

　愛着の形成過程では、子どもと特定の大人との間でやり取りが行なわれます。そうしたやり取りを経て形成された愛着は、単に一場面での安心だけではなく、同時に子どもの気持ちのコントロールに不可欠な神経の構造を形成します。自分の気持ちをコントロールできることは、他者と共に生きていく上で不可欠なスキルのひとつです。安定した愛着関係の中で、大人と子どもが心を通わせ、言葉にしてやり取りを重ねることで、子どもは心を理解することを学び、他者の気持ちに寄り添う「共感性」の基礎を育みます。愛着は、子どもが豊かに生きていくために必要な力の基礎を育むものなのです。

愛着を育む関わり

0歳児

0歳児の愛着の形成過程における保育者の関わりについて、詳しく解説します。

▌愛着は安心の基盤

一人の子どもと特定の保育者は、愛着という絆で結ばれます。これは子どもにとって安心の基盤です。

▌毎日の生活行為が 関係を育む

食事援助、おむつ交換など、毎日必ず行なう生活行為の援助は、子どもとの特別な関係を築くための大切な関わりです。

▌援助の積み重ねが子ども理解につながる

毎日の生活行為の援助の積み重ねが、一人ひとりの子どもの状態をより深く理解することにつながります。

愛着による情緒の安定

特定の保育者との関係が結ばれ、子どもの情緒が安定することによって、周囲への興味や関心が生まれます。その興味が意欲となって、子どもは主体的に環境に関わり始めます。情緒の安定、すなわち愛着は子どもの発達の根源といえます。

▌応答的な関わり (P.32 「応答的環境」参照)

子どもとの関係を築く上で大切なことは、「応答的な関わり」です。子どもの心情を理解するより先に保育者が一方的に働き掛けるのは、保育者の自己満足になりかねません。まずは、子どもからの発信を見守り、受け止めましょう。また、前言語期の子どもは言葉を使用しなくても、「大好きな人」に向け、声の大きさや調子、動作や表情で自身の心情や要求を様々に発信します。その発信を受け止めることが、更に子どもを安心させるのです。

▌遊びを見守る

子どもが興味を向けたものに働き掛ける、その行為を尊重し、そばで見守りましょう。子どもの「安心」は、保育者の見守りが基盤となります。

▌家庭との連携

この子がかわいい！ いとおしい！ という保育者の体感的な心情は、保護者とも共有できるものです。お迎えの際や連絡帳で、しっかり伝えていきましょう。子どもを共にいとおしむことで保護者とも絆が結ばれ、互いへの信頼もより深まります。

1. 愛着と自立心
愛着を育む関わり
1・2歳児

I・2歳児の愛着の形成過程における保育者の関わりについて、詳しく解説します。

▌愛着を基盤とした探索活動

子どもは特定の保育者との愛着を基盤とした安心の下、様々なものに働き掛け、活動やその範囲を広げていきます。

▌共同注意の始まり

指さしなど、大人と一緒に対象となるものに注意を向けることを共同注意と呼びます。共同注意は、言葉の発現や語彙の獲得に結び付く大切な行動です。

▌一対一で発信を受け止める

この年齢では、特定の保育者との一対一の関係が基本です。子どもの心情を理解し、子どもからの発信をしっかり受け止めて応えていきましょう。

安全基地から探索活動へ

子どもにとって特定の保育者は「安全基地」となります。基地への信頼があるからこそ、活発な「冒険」が可能になります。この時期の探索活動は、子どもの直接的経験そのものであり、発達に不可欠な経験です。

▌自我の芽生えから拡大へ

様々なことに対して「自分でやりたい！」という意欲があふれ始める時期です。できないことに対してかんしゃくを起こすこともあります。子どもができないことや援助が必要なことを見極めることが大切です。

▌探索活動にふさわしい玩具を

手近な物を入れ込んだり、引っ張ったり、のせたり、様々にいじって試して遊ぶのが楽しい時期です。この時期にふさわしい玩具を十分にそろえましょう。

▌一対一でふれあい遊び

わらべうたなどのふれあい遊びは、保育者と子どもが対等に向き合い、一対一で楽しみます。保育者がリードし過ぎず、子どもの参加意欲と反応を確かめながら、楽しさを共有しましょう。

▌絵本を楽しむ（P.96「絵本」参照）

絵本を読んでもらいたがるようにもなります。この時期は集団での読み聞かせではなく、保育者の膝の上に座り、一緒に絵本を見ながら一対一で楽しむことが基本です。

愛着を育む関わり

2歳児

2歳児の愛着の形成過程における保育者の関わりについて、詳しく解説します。

▌離れても見守る

「安全基地」への信頼を基盤に、保育者から離れて遊べるようになるのがこの年齢です。子どもの遊びをしっかり見守りましょう。

▌玩具は複数用意して

この頃の遊び方は平行遊びです。複数の子どもが同じ遊びをそれぞれ十分に楽しめるよう、同じ玩具を複数そろえましょう。

▌適度な橋渡しと仲立ちを

平行遊びから、他児の存在に気付いてまねっこを楽しむようにもなります。保育者の適度な橋渡しや仲立ちが必要になります。

自己の発揮

まねっこなど周囲の子どもと関わることも楽しくなりますが、この年齢の子どもの思考は自分を中心としたものです。それぞれの子どもが自己を発揮して遊ぶためには、保育者の仲立ちが重要になります。

▌自立と甘えに向き合う

自我の拡大期で自分の要求を強く表す反面、まだまだ、もっともっと甘えたい、そんな両面をもつ時期です。子どもとしっかり向き合い、根気強く関わることが大切です。

▌まねっこの始まり

まねっこは一人では成立しない遊びです。3〜4人の子どもが同じ遊びを同時に楽しめるよう、同じ玩具を複数用意します。ただし、無理に子ども同士をまねさせる必要はありません。

▌子どもの心情の言語化を

子どもが言葉を話せるようになったからといって、自分の心情を全て的確に言語化できるわけではありません。保育者は子どもをよく観察し、その心情を理解して子どもに確認しながら言語化していきましょう。

▌伝え合いを助ける仲立ち

この年齢での仲立ちは、トラブルの解決や仲良く遊ばせることを目的とするよりも、それぞれの子どもが「言葉にできない心情」を保育者が言葉にして、伝え合うことを助けることと捉えましょう。

2. 応答的環境

様々な働き掛けを保障する環境

たとえどんなに幼くても、遊びの主体は子ども自身です。保育者は、一人ひとりの子どもの発達課題を踏まえ、子どもが遊びや生活の中で環境に働き掛けることで得る経験を想定して、それにふさわしい道具や家具を選び、子どもが自分で選び、使いやすいように配置します。つまり、遊びのための道具は、子どもが自分から働き掛けられる位置に置かれていること、様々な種類が用意されていることが大切です。また、遊びを複数用意するということは、それぞれを楽しむための場所、つまり十分なスペースが必要です。複数の遊びコーナーを常設することは、子どもに「様々な働き掛け」を保障できます。

シンプルな玩具を

遊びのための道具は、子どもの働き掛けに応じて様々な反応が返ってくるもの、つまりシンプルで幾通りもの遊び方ができるものを選びましょう。電池で動く玩具は、子どもがどんな働き掛け方をしても定型の反応が返ってくるのみですが、たとえばボールや自分で動かす車なら、子どもの扱い方によって様々な反応が起こります。積み木などは、置き方、並べ方によって、全く異なる形が現れます。そうした様々な反応が、子どもを刺激し、遊びを更に楽しいものにしてくれます。つまり、シンプルな玩具だからこそ、子どもの経験を豊かにすることができます。

応答的環境としての保育者の関わり

　保育者は子どもにとっての人的環境のひとつであり、子どもにとって応答的環境として機能する必要があります。子どもからの発信を適切に受け止め、子どもが応えやすいように反応します。保育者からの働き掛けは大切ですが、それが一方的なものであっては、応答的環境として機能しているとはいえません。応答的であるためには、まず子どもをよく観察し、子どもの心情を理解していることが必要です。そして、豊かに応答することが求められます。子どもの行動を言語化したり、意図的に言葉を繰り返したりすることは、子どもの言葉の獲得にも有効です。子どもに分かりやすい反応をすることは、子どもから次の発信を引き出すことにつながります。

応答的な関わり
0歳児

0歳児の応答的環境としての保育者の関わりについて、詳しく解説します。

▌子どもの意識の把握

保育者は、単に「食事を与える」のではなく、まず子どもが何に意識を向けているのかを把握します。

▌言語化する

子どもが意識を向けているものを「おかゆがいいの？」などと言語化し、目の前でおかゆを補助スプーンですくって見せます。

▌子どものペースに合わせて

保育者の行為を子どもが受け止め、理解しているかを確認して、子どもの様子に応じてスプーンを口に運びます。

３つの領域の基盤

応答的な関わりとは、特定の保育者との情緒的な絆を基盤として、子どもの興味や関心を把握しその行動を支え、子どもの心身の発達を促すために保育者が行なう基本的対応です。「健やかに伸び伸びと育つ」、「身近な人と気持ちが通じ合う」、「身近なものに関わり感性が育つ」、この３つの領域の基盤であるといえます。

▌"SOUL"を意識して

静かに子どもの主体的な行動を見守り（Silence）、子どもが何を意識し、行動しているのかを観察（Observation）します。そして、子どもを理解し（Understanding）、言葉やそれ以外のサインに耳を傾け（Listening）ましょう。

※引用文献：『インリアル・アプローチ－子どもとの豊かなコミュニケーションを築く』（竹田契一、里見恵子／編著　日本文化科学社　1994年）

▌特定の保育者が関わる

食事や排泄などの生活場面では、特定の保育者が特定の子どもに関わります。特定の保育者が子どもを理解し、子どもとの信頼関係をより深めることで子どものサインを読み取りやすくなり、同時に子どももより安心して過ごすことができます。

▌子どもの手の届く所に興味や関心のあるものを置く

生活場面でも、遊びの場面でも、子どもが向ける興味や関心を把握し、子どもの物事への働き掛けに対して反応することに、保育の中の応答性があります。子どもから見えて、手を伸ばすと届く位置に、興味や関心のあるものを置きましょう。

▌家庭との情報共有

家庭での食事の援助の仕方、子どもの好みや、反応の仕方（うなずく、ほほえむ、特定のジェスチャーをする　など）を保護者に聞いて共有しておくと、保育者が対応するときも、子どもがサインを出しやすくなります。

応答的な関わり
1・2歳児

1・2歳児の応答的環境としての保育者の関わりについて、詳しく解説します。

▌興味や関心のキャッチ

子どもの視界の中に、遊び道具をたくさん用意し、子どもの興味や関心をキャッチします。

▌シンプルな玩具を用意する

子どもの発達課題を意識し、子どもの働き掛けに応じて様々な遊び方ができるシンプルな玩具を選びます。

▌見守る

遊びの主導権は子どもにあります。保育者は、子どもの発見や遊び方を尊重し、必要なときを見極めて手を貸します。

成長のための基本を支える

応答的な関わりは、子どもと保育者の情緒的な絆をより確かなものにし、それによって子どもが周囲に興味や関心をもち、主体的、意欲的に関わっていきます。子どもが伸びるための基本を支える関わりです。

▌特定の保育者との情緒的な絆

０歳児同様、特定の保育者との情緒的な絆によって子どもは安心し、周囲へ興味や関心をもち、それに基づいて環境に働き掛けていきます。特定の保育者は子どもの「心の安全基地」です。

▌ひとり遊びを見守る

１・２歳児は、ひとり遊びをじっくり楽しむことが大切です。子どもがふと顔を上げ、保育者のほうを見たときに、にっこりほほえみ返すなど、子どもが安心して遊び続けられるよう見守りましょう。

▌過程を理解して応える

応答とは、単に子どもからの発信に応えるだけではありません。子どもが保育者に発信するまでの過程を含めて見守り、理解し、それらを踏まえて子どもに応えることが大切です。"SOUL"（P.35）を意識しましょう。

▌対応人数の調整

保育者は、保育の現場で複数の子どもと一緒に行動することが少なくありません。子どもの発信を見守り、受け止めて応えるには、それができる人数に調整することも環境づくりのひとつです。

応答的な関わり
2歳児

2歳児の応答的環境としての保育者の関わりについて、詳しく解説します。

▌認めてほしい気持ちに応える

「みてみて！」子どもからそんな声がたくさん出るのも、この時期です。子どもが承認を求めてきたら、しっかりと応じましょう。

▌遊びの一部になる

保育者が遊びに参加するときは、子どもの発想や遊び方を尊重し、遊びの流れに沿った応答を心掛け、子どもの遊びの一部になります。

▌子どもから見える位置で

保育者は、遊びに集中している子どもを少し離れて見守りつつ、子どもが安心できるよう子どもから見える位置にいるようにします。

経験のプロセスを支える

子どもは自分から周囲のものに働き掛け、そこで得た経験から様々なことを学びます。保育者の応答的な関わりとは、子どもを答えに導くものではなく、子どもの経験のプロセスを支えるものです。

▌心の安全基地になる

愛着が形成されると、情緒的な絆を結んだ特定の保育者から離れても、安心して遊べるようになります。しかし、離れて遊べるようになったから「誰でもOK」というわけではありません。子どもの心の安全基地は、「帰る場所」でもあるので、特定の保育者であることが大切です。

▌自立と甘えの両立に応える

自我の拡大期にも入り、何でも自分でしたがる反面、自分でできることでも「やってほしい」と甘えたり、大人の注目を得ようとしたりする時期でもあります。甘えたい気持ちにもしっかり応えましょう。

▌言葉以外でのコミュニケーションを受け止める

語彙が増え、おしゃべりが楽しくなる時期ですが、視線やジェスチャーなど言葉以外の方法でもコミュニケーションは可能です。子どもからの言葉以外の働き掛けを受け止め、応えていきましょう。

▌応答する物的環境の構成

同じ遊びを複数の子どもが同時に楽しめるよう、同じ種類の玩具を複数用意します。子どもの発想や働き掛けに応じて様々な遊び方ができるような、シンプルな玩具をそろえましょう。

言葉
0歳児

保育者との応答的な関わりを通して育まれる、0歳児の言語獲得のプロセスについて、詳しく解説します。

▌保育者との信頼関係

言葉を育てるためには、何よりもまず特定の保育者との確固たる信頼関係を築いていることが条件となります。

お人形さんね

あー

▌子どもの興味や関心を読み取る

保育者は、子どもの興味や関心を読み取り、子どもが注意を向けているものについて、言葉を添えていきましょう。

▌ものと言葉の一致

保育者が一方的に言葉を浴びせるより、子どもの興味や関心に寄り添い、言葉を添えることで「もの」と「言葉」を一致させることが大切です。

前言語期

1歳前後に初めての言葉（初語）を発するまでの時期が、前言語期です。特定の保育者と、言葉を使わないたくさんのやり取りを経験し、物事と結び付けて理解した言葉を蓄えていく時期でもあります。

心地良いやり取りが成立する関係を

心の安全基地である特定の保育者とのゆったりとした心地良いやり取りを、十分に経験することが大切です。やり取りの中で保育者が発する言葉が子どもに届くための条件は、子どもの安心、情緒の安定です。

敏感性と応答性を意識して

言葉を発する前の前言語期のコミュニケーションは、子どもの視線や小さなサインから興味や関心を読み取ってそこに寄り添うこと、つまり保育者側の「敏感性」と、それに適切に応える「応答性」が大切です。

動作に言葉を添える

保育者が子どもの目の前で行なう動作には、一つひとつ言葉を添えていきましょう。特定の音の組み合わせである言葉が目の前の現象と結び付くことが、言葉の理解となり、子どもの語彙となります。

絵本の活用(P.96「絵本」参照)

絵本は子どもの言葉の獲得に有効ですが、この時期は読み聞かせをするよりも、指さしや保育者とのやり取りを通して言葉をたくさん吸収することが大切です。絵本はそうしたやり取りを楽しむためのツールとして扱いましょう。

言葉
1・2歳児

保育者との応答的な関わりを通して育まれる、1・2歳児の言語獲得のプロセスについて、詳しく解説します。

▌保育者が先走らない

保育者が先走って結果を示したり、遊びを展開させようとしたりすると、逆効果となり、言葉も届かなくなります。

いっぱい出てきて
楽しいね

▌一人ひとりへの語り掛けを

言葉をしっかり届けるために、一人ひとりの子どもに丁寧に語り掛けましょう。

▌子どもの興味や関心に沿う言葉を届ける

子どもが興味や関心をもっていること、行なっている動作を言語化することで、子どもは言葉を理解しやすくなります。

一語文から二語文へ

獲得した言葉を使い始める年齢です。一語文を話すようになってから二語文を話すようになるまでには、少し期間があきます。この時期に、子どもは語彙数を増やすと同時に、言葉と言葉を組み合わせることも学んでいます。

語り掛けの豊かさ

語り掛けの豊かさは、語彙数で測るものではありません。たとえば「リンゴの絵」というひとつの事象について、「赤くて丸いリンゴがあるね。つやつやでおいしそうだね」など、詳しく表現する力です。そこには、保育者の豊かな表現力が求められます。また、語り掛けは、子どもの興味や関心に沿って行なわれることが大前提です。つまり、子どもの興味を察知する「敏感性」が大切です。

子どもから始まる対話を促す環境を

動物や車など、子どもが興味や関心をもっているものの写真を、子どもから見える位置に掲示すると、子どもがそれを指さして、保育者がそれに応える対話が始まります。子どもから対話が始まる環境づくりのひとつです。

絵本の活用（P.96「絵本」参照）

この時期の絵本は、読み聞かせるというよりも、絵本の中の絵を指さしたり、保育者との対話を楽しんだりするものです。絵本は保育者の膝の上や隣りに座り、一対一で楽しむことが基本です。

言葉
2歳児

保育者との応答的な関わりを通して育まれる、2歳児の言語獲得のプロセスについて、詳しく解説します。

▌具体的な言葉で褒める

「すごいすごい！」「上手だね」など、抽象的な言葉で褒めるよりも、「ひとつずつ丁寧に並べたから、こんなに長くなったね」など、子どもに伝わりやすい言葉で具体的にプロセスを承認することが大切です。

ひとつずつ丁寧に並べたから こんなに長くなったね

赤い車がたくさんあるね 緑の車は少しなのね

▌色や量の比較を言葉にする

子どもの発達を意識し、「赤い車がたくさんあるね、緑の車は少しなのね」などと、色や量の比較を意識した言葉も使ってみましょう。

他の領域との関連性

「言葉」は、単に領域のひとつではなく、子どもの思考でありコミュニケーションや自己表現のためのツールとなるものです。「環境」「表現」など他の領域とも密接に関連し、伸びていくものとして捉えましょう。

▌3つのT

乳幼児の発達にとって、豊かな言語環境をつくるためのプログラムに「3つのT」があります。日常生活の中で、言語環境の質を高め、子どもの育ちをより確かに支えるものといえます。

※引用文献：『3000万語の格差−赤ちゃんの脳をつくる、親と保育者の話しかけ』（ダナ・サスキンド／著　掛札逸美／訳　高山静子／解説　明石書店　2018年）

Tune In
（チューン・イン）

子どもが集中している対象に保育者が気付き、その対象について子どもと一緒に話すという意図的な行為です。まず、子どもの行動を尊重し、保育者はそれに寄り添うことが大切です。

Talk More
（トーク・モア）

子どもが今、集中している物事について、保育者がより多くの言葉を使うことを意識して話し掛けることです。子どもが見ている保育者の行動を言葉にして解説したり、子どもの行動を言葉にして解説したりすることをさします。

Take Turns
（テイク・ターンズ）

子どもを対話のやり取りの中にいざなう方法です。ここで大切なことは、子どもからの反応を「待つ」保育者の姿勢です。この対話とは、保育者の一方的なリードによるものではなく、子どもとの対等なやり取りです。

3章
生活習慣と遊び

生活習慣の獲得や、子どもの遊びの経験を保障する
援助や環境構成について、解説していきます。

1. 生活習慣と 遊びのつながり

生活習慣獲得の前提条件

　食事、着脱、排泄などの基本的生活習慣を行なう際には、子どもが自分自身で細やかな身体操作を行なう必要があります。食事や着脱などは、物の操作を伴う身体操作です。たとえば、食事であれば、イスに座って姿勢を安定させる必要があります。そのためには、まず上半身の姿勢を保つため、体幹の安定が必要です。更に、スプーンで食べ物をすくって自分の口に運ぶ際には、食べ物と口の位置を把握し、スプーンを持つ手や腕を正確に動かさなければなりません。

　着脱でも同様です。たとえば、ズボンをはく際には、上半身をかがめ、片足を上げて正確な位置へ動かし、つま先からズボンの穴へ通して足を出し、両手で持ったズボンを上げていきながら上半身を垂直に戻します。このように、何げなく行なう生活動作ひとつをとっても、物を正確に扱う操作性と、体を正確に動かす操作性を駆使しています。つまり、大きな体の動き（粗大運動）と手指操作（微細運動）を獲得していることが、生活習慣の獲得には不可欠なのです。

遊びの中での機能獲得

　生活習慣に必要な動作、たとえばスプーンを使う、ズボンをはく、などは特に「そのための」練習をするものではありません。遊びの中で、しっかりと体や手指を使うことが、実質的な「練習」になります。しかし、遊びは選ぶのも楽しむのも子ども自身です。遊びは子どもにとって目的そのものです。保育者は、子どもが遊びたくなるような遊び道具をそろえます。このとき、単に「子どもが喜ぶから」だけではなく、その遊びを通して、子どもが全身や手指をどのように使い、それが何の「練習」になるのか、それを意識して環境を構成することが大切です。単に子どもが機嫌良く遊んでいることを確認するだけではなく、子どもがどのように、どんな機能を獲得するための動作を体験しているか、ということを子どもの視点に立って観察し、遊びを見守りましょう。

遊びと生活習慣

　生活習慣の獲得を考えるときに、子どもの遊び、つまりは生活習慣の練習となる経験を考えることが不可欠となります。生活と遊びは、正に「車の両輪」。どちらが欠けても成り立たないものといえます。

2. 生活習慣
～自分でやろうとする力を育む～

子どもが見通しをもてるような「いつもの流れ」をつくる

　子どもは生活習慣を、繰り返しによる反復学習によって獲得します。それを考慮すると、「食事」「排泄」「着脱」などの援助は特定の保育者が担当し、意識的に「いつも同じ流れ」のもと「いつも同じ手順」で行なうことが大切です。いつも同じ手順で行なうことで、子どもは「次に何をするか」を予測しやすくなります。子どもの予測は長い時間を想定するものではなく、短時間、つまり場面や行為の流れを捉えます。したがって、子どもが見通しをもちやすくするとは、場面と場面のつながりや流れをいつも同じにする、ということです。毎日の繰り返しによってできる「いつもの流れ」がとても大切です。

←保育者は、子どもに対して「いつも同じように」援助を行ないますが、その繰り返しの中で子どもの変化を把握し、援助のための道具を選びます。たとえば、食事に用いるスプーンも、子どもの発達の状態に応じて、それぞれに適した大きさや形のものを選びます。

子どもが「やろうとすること」と「できること」

1歳を過ぎて自我が芽生え始めると、身近な事柄を「ジブンデ」やろうとする意欲が表れます。子どもの意欲を尊重することは、保育の基本ですが、自分でやろうとすることの全てを子どもひとりでできるわけではありません。意欲を尊重するという理由で、全てを子どもに任せてしまうのは性急です。たとえば、自分で食べたがるからといって、汁物を手づかみで食べようとするのを「見守る」のは援助として不適切と言わざるを得ません。保育者は、子どもの意欲を尊重しつつ、何をどのように援助するかを見極めることが求められます。

「自分でやろう」としやすい環境

子どもの意欲を尊重するには、環境構成も重要です。たとえば、食事の場面ならエプロンの置き方や手拭きタオルの位置を配慮することで、自分でエプロンを身に着けようとしたり、タオルを取って広げ、手を拭こうとしたりすることができます。それは、子どもができることを子どもに任せる、そのための「仕掛け」ともいえます。子ども自身ができること、保育者の手助けが必要なこと、環境からの手助けがあればできること、などの点から援助の必要性を検討しましょう。

2. 生活習慣
〜自分でやろうとする力を育む〜

食事
0歳児

生活習慣のひとつ、「食事」場面における0歳児の発達と保育者の関わりについて、詳しく解説します。

▍一対一で
ひとりでイスに座れるようになっても、食事の援助は一対一で行なうことが基本です。

▍いつも同じ援助を
食事場面では、いつも同じ保育者が同じように援助することが、子どもの安心感と見通す力を育てます。

▍子どもの意欲を尊重
保育者は、子どもの興味や関心を捉えてその意欲を尊重しながら援助を進め、食事のペースをつくります。

「食べるための機能」を学ぶ

この時期の子どもは、「食べさせてもらう」受け身のように見えますが、食事の際の基本的な姿勢や食べ物を口に迎える（捕食）ときの体の使い方、咀嚼（そしゃく）、嚥下（えんげ）などの「食べるための機能」を学んでいます。

▌安心しておいしく食べられるように

この年齢での食育とは、食べ物の色や名前を教えることではありません。安心しておいしく食べる、それが食育の基本です。子どもの感覚や心情に寄り添い「ちょっと酸っぱいね」など、豊かな語彙を使って語り掛けましょう。

▌手順を守る

テーブルについてエプロンを掛け、手拭きタオルで手を拭く、というようないつも同じ手順を守ることが、子どもの安心と見通しを支えます。またそれが、子どもが自分で食事をとるようになったときの「行為の流れ」になります。

▌子どもの姿勢を保つ

保育者の膝の上に座るときも、自分でイスに座るときも、子どもの体がテーブルの正面に向くようにします。イスに座る場合は、足が床に着くように足置きを用意したり、背もたれと背中の間があかないようにクッションを入れたりするなどして調整します。

▌手指の動きは遊びで育む

食事に必要な体の動きは、姿勢の安定と手指の操作です。手指の操作には、指だけではなく、腕や関節の動きや空間把握など知覚との協調も必要です。これらを日常の遊びの中で十分に経験できるようにします。

食事
1・2歳児

生活習慣のひとつ、「食事」場面における１・２歳児の発達と保育者の関わりについて、詳しく解説します。

▌少人数で一人ひとりに応じた援助を

この年齢では、まだまだ保育者の援助が必要です。少人数で、一人ひとりの子どもに応じた適切な援助を行なえるようにします。

ちょっと
タりいね

▌発信を捉える

表情や動作など「言葉ではない」子どもからの発信を受け止めていくことが大切です。

▌援助の必要性を見極めて

子どもは全てのニーズを発信するわけではありません。子どもが発信しなくても、援助の必要性を判断することも大切です。

「意欲を大切にする」とは

何でも自分でやりたがるからといって、全てを子どもに任せてしまうのは性急過ぎます。子どもの意欲を尊重しつつ、子どもひとりではまだできない部分を保育者がきちんと判断し、援助する必要があります。

▌子どもができることをつくる

何でも自分でやりたい年齢です。子どもが自分でできる場面をつくっていきましょう。エプロンの装着や手拭き、軟らかくてこぼれにくいものをスプーンですくって食べるなどです。

▌必要な行為と課題を意識する

手づかみで食べようとすることが多くなりますが、子どもが手づかみで学ぶのは、手指の操作と一口の量です。基本的生活習慣としての食事は手づかみで完成するものではありませんが、大切な発達の段階として見守ります。必要な行為と課題を意識して援助を進めましょう。

▌食器・食具の選び方

食器やスプーンなどは、大きさや質感、重さなど子どもが扱いやすいものを選びます。時折スプーンの柄が握りやすい形状か、スプーンの幅と子どもの口の大きさが合っているかなどを確認しましょう。

▌両手を使えるように

左右の五指に力を入れてコップを持つ、スプーンを持たないほうの手をお皿に添えるなど、食事の際に両手を使って食べる習慣は、この頃から身につけていくものです。食べることだけではなく、体の使い方が正しく身につくよう援助することも大切です。

食事

2. 生活習慣
～自分でやろうとする力を育む～

2歳児

生活習慣のひとつ、「食事」場面における2歳児の発達と保育者の関わりについて、詳しく解説します。

▌おしゃべりも楽しんで

食事中は、タイミングを計りながら子どもが意識を向けているものを保育者が言葉にするなどして、おしゃべりも楽しみましょう。

▌必要なときは援助を

自分でできることが多くなる半面、まだひとりではできないこともあります。援助の必要性の判断が求められます。

▌気持ち良く終える

食事の終盤は、子どもの気分にもむらが表れます。無理に集中させるよりも、保育者が手伝い、気持ち良く食事を終えましょう。

生活習慣の確立に向かって

基本的生活習慣は、おおむね3歳頃に確立するといわれます。この年齢は、生活習慣確立の目前といえます。保育者の細やかな見極めの下で、行為の完成へ向けて必要な援助が求められる時期です。

▌スプーンの3点支持操作の経験を十分に

箸への移行は急がず、スプーンの3点支持操作を十分に経験し
てから行ないましょう。スプーンを3点支持でスムーズに使える
ようになったら、箸への移行を考え始めます。

🌸…🌸…🌸…🌸…🌸…🌸…🌸…🌸…🌸…🌸…🌸…🌸…🌸…🌸…🌸…🌸…🌸…🌸

▌好き嫌いには調理を工夫して

素材の味だけではなく、口に入れたときやかんだときの感触なども子どもの好き嫌い
に影響します。調理方法を変えると食べやすいと感じることもあります。

🌸…🌸…🌸…🌸…🌸…🌸…🌸…🌸…🌸…🌸…🌸…🌸…🌸…🌸…🌸…🌸…🌸…🌸

▌手洗いの手順に留意して

自分で手を洗えるようになります。手をこすり、手のひら、甲、指の間の順で洗います。
保育者が食事前に行なっていた手拭きと同じ手順（P.64）です。

🌸…🌸…🌸…🌸…🌸…🌸…🌸…🌸…🌸…🌸…🌸…🌸…🌸…🌸…🌸…🌸…🌸…🌸

▌食べる行為を楽しめるように

食事において、「食べる行為」が楽しいことが一番大切です。おなかをすかせておいし
く食べる、という基本を忘れないようにしましょう。

着脱
0歳児

生活習慣のひとつ、「着脱」場面における0歳児の発達と
保育者の関わりについて、詳しく解説します。

▌言葉と行為を一致させる

保育者は、「今、何をしているか」を言葉にして子どもに
伝えます。子どもが行為に意識を向け、自分の行為と捉
えられることが大切です。

▌子どもが主体

「してもらう」ことが多
くても、行為の主体
は子どもです。保育
者は「子どもが自分で
できないこと」を手伝
う人です。

▌子どものペースに合わせて

着脱の主体である子どもが「さっさと」「テキパキ」行動する
でしょうか？　子どもが理解できるペースを守りましょう。

生活援助と心の絆

着脱のような生活行為は、毎日必ず複数回行なわれま
す。毎回特定の保育者が関わることで、特別な関係を
築きます。特定の保育者との絆は、乳児保育の基本で
す。

▌発達から見る着脱

着脱は、身体操作を伴います。体を傾ける、腕を曲げるなどは粗大運動です。更に、自分の体を理解する身体像の獲得や、衣服をかぶったり、袖に腕を通したりする際には空間知覚も必要です。また、「衣服」を扱うという点では、物の操作でもあります。腕や手指の動き、空間知覚などを伴って完成する動作です。子どもの発達の状態を踏まえて、子どもにできることを見極めましょう。

❧…❧…❧…❧…❧…❧…❧…❧…❧…❧…❧…❧…❧…❧…❧…❧…❧

▌安心が基本

子どもが行為に意識を向けるためには、「安心して生活している」ことが基本です。特定の保育者との情緒的な絆がしっかりと結ばれていることによって、日常的な「安心」が成立するのです。

❧…❧…❧…❧…❧…❧…❧…❧…❧…❧…❧…❧…❧…❧…❧…❧…❧

▌子どもとの「協同」を意識して

０歳児であっても着脱で「参加できるところ」は必ずあります。袖に腕を通す、ズボンをはくときは腰を上げるなど、小さなことでも「子どもにできること」を見極め、子どもと一緒に行為を完成させます。

2. 生活習慣
～自分でやろうとする力を育む～

着脱
1・2歳児

生活習慣のひとつ、「着脱」場面における1・2歳児の発達と保育者の関わりについて、詳しく解説します。

▌子どもにできることは任せて

自我の芽生えから拡大期にある子どもは、何でも自分でやりたがります。子どもにできることは任せましょう。

▌「ジブンデ」できる仕掛け①

たとえば、トイレの近くに子どもが腰を掛けられる台を用意しておくと、保育者の手助けを受けずに子どもが自分で着脱を行ないやすくなります。

▌「ジブンデ」できる仕掛け②

衣服は長袖より半袖、長ズボンより半ズボンが着脱しやすいです。子どもが自分で行為を行ないやすい時季を見極めて「仕掛け」をつくりましょう。

行為を小さく区切って捉える
（スモールステップ）

たとえば、ズボンをはくという行為なら、片足を上げてからつま先を伸ばし、ズボンの穴に足を入れ、かかとまでズボンを通して、というように動作を細かく区切って捉えると、手助けするポイントが見えやすくなります。

いつも同じ手順を守る

着脱の援助では、いつも同じ手順を守ります。同じ手順であることで、子どもが安心できるとともに、次に行なうことを予測しやすくなります。それが、子どもが着脱動作を獲得するプロセスを支えます。

手指操作を経験できる遊び環境を

着脱動作の中で、手指操作は不可欠です。遊びを十分に楽しむ中で、手や指先を使う経験が豊かになるような玩具をそろえます。着脱に必要な動作を想定し、それを経験できる環境を用意します。

粗大運動を経験できる遊び環境を

着脱動作は手指操作だけで完成するものではありません。四肢の協調を伴う動作や、空間知覚も必要です。体を動かして遊ぶ中で何を経験するのかを想定し、それができる環境を用意します。

何がどのようにできたかを伝える

自分でできたことを褒められると子どもは喜びます。ただ単に「すごい！　すごい！」「頑張ったね」など、抽象的な表現で褒めるのではなく、何がどのようにできたか、どのようにすごいのか、具体的な言葉にして伝えましょう。

着脱
2歳児

生活習慣のひとつ、「着脱」場面における2歳児の発達と
保育者の関わりについて、詳しく解説します。

▌手助けが必要なところは援助する

子どもの自尊心を損なわないよう「後ちょっとだけお手伝い
してもいい？」と確認し、必要な箇所を援助します。

▌子どもの行動を認める

子どもが自分でできたことを
認め、子どもの満足感、達成
感を受け止め、次への意欲を
育てることが大切です。

▌何がどのようにできたのかを伝える

褒めるとは、やみくもに称賛することではありま
せん。何がどのようにできたのかを具体的に伝え、
子ども自身ができたことを分かるようにしましょう。

子どもの主体性の尊重 ≠ 放任

子どもの自主性や主体性を尊重することと、手助けが
必要なところを放置することは別ものです。必要な行
為を最後までひとりでできるようになることが、生活
習慣の獲得です。

着脱はいつも同じ場所で

着脱は、いつも同じ場所で行なうようにします。場所が決まっていることで、子どもが安心し、落ち着いて取り組むことが可能になります。生活習慣の獲得に、安心できる環境は不可欠です。

❀…❀…❀…❀…❀…❀…❀…❀…❀…❀…❀…❀…❀…❀…❀…❀

気持ちのコントロールを支える

子どもは自分のイメージ通りにできないこともたくさんあります。保育者は、子どもの悔しさを受け止め、子ども自身が気持ちをコントロールしようとする姿を支えます。

❀…❀…❀…❀…❀…❀…❀…❀…❀…❀…❀…❀…❀…❀…❀…❀

畳む・しまう行為まで

脱いだ衣服を畳む、洗濯物バッグにしまう、なども着脱の生活習慣です。衣服を畳むのは、身体操作や身体像の獲得を伴うものです。一つひとつの行為を保育者が一緒に行ない、徐々に子どもが自分でできることを増やしていきましょう。

❀…❀…❀…❀…❀…❀…❀…❀…❀…❀…❀…❀…❀…❀…❀…❀

家庭への情報提供

衣服には、子どもがひとりで着脱しやすいものとそうでないものがあります。それぞれの難易度をお便りなどで情報提供しましょう。保護者と一緒に子どもの育ちを支えることにもつながります。

2. 生活習慣
〜自分でやろうとする力を育む〜

清潔
0歳児

生活習慣のひとつ、「清潔」場面における0歳児の発達と保育者の関わりについて、詳しく解説します。

▌手順を守る

たとえば手を拭くときは、まず手のひら、次に手の甲、そして指の間、というようにいつも同じ手順を守ります。自分で手を洗えるようになったときも同じ手順で行ないます。

▌自分の行為に意識が向くように

手順を守ることで、子どもが次の動作を予測しやすくなり、行為に意識を向け、自分から行為に参加しやすくなります。

▌動作はゆっくりと

保育者が動作のほとんどを行なっているとしても、行為の主体である子どもが動作を見て理解し、参加できるよう、ゆっくり行なうことを心掛けます。

「気持ち良い」に結び付くことばがけを

着脱や排泄、食事などの生活場面において、自分の体が清潔になることが「気持ち良い」と子ども自身が体感することが大切です。その体感に結び付く言葉を添えることで言葉が意味をもつものとなります。

▌心地良く過ごせる環境構成を

清潔な環境とは、衛生的で、かつ心地良く過ごせる
状態を指します。玩具や生活用品が散らかっている
状態は、ストレスになりかねません。整理整頓する
ことで、衛生管理もしやすくなります。

▌保育者は衛生習慣モデルとして

手を洗う、鼻をかむ、床の汚れを拭くなど、保育者が行なう当たり前の行動を子ども
は見ています。子どもが衛生習慣を当たり前のこととして身につけられるように、見本
となる保育者の日頃の行動が大切です。

▌豊かな語彙で伝える

「清潔で気持ち良い」という体感を子どもに伝える際、何がどのように気持ちが良いの
かを具体的に伝える、豊かな語彙をもちましょう。保育者が子どもに注ぐ言葉は、そ
のまま子どもの語彙につながるものです。

▌見せる習慣を

手を拭いた後のタオルや脱いだ衣服を畳んだり、鼻をかんだ後のティッシュペーパーを
ごみ箱に捨てたりするなどの一連の行動を、子どもの目の前で言葉を添えながら行な
うことを習慣にしましょう。

2. 生活習慣
~自分でやろうとする力を育む~

清潔
1・2歳児

生活習慣のひとつ、「清潔」場面における1・2歳児の発達と保育者の関わりについて、詳しく解説します。

▌行為を行ないやすい環境を

水道の蛇口に補助カバーを付けたり、足元に台を置いたりするなど、子どもが自分で行為を行ないやすい環境を用意しましょう。補助カバーは短く切ったホースで代用することもできます。

▌手順を守る

手洗い、手拭き、鼻かみなどの行為を子どもと一緒に行なうときは、いつも同じ手順で行なうことで、子どもが行為に参加しやすくなります。

▌子どものペースで

行為の主体は子ども自身です。子どものペースを尊重し、保育者は子どもがひとりでできないところを手伝います。

繰り返しで学ぶ

生活習慣は、毎日の繰り返しによって子どもが学習し、身につけるものです。だからこそ繰り返す行為は同じ手順で行なう必要があります。保育者がその場限りの対応をしていては、子どもが混乱しかねません。

▌見つけやすい＝片付けやすい環境構成を

生活用具でも玩具でも、自分で物を使って行為をするには、何がどこにあるか理解していることが必要です。物のある場所の理解は、片付ける場所の理解につながります。

▌行為の最初は子どもが行なう

食前の手拭き、鼻をかむときのティッシュペーパーを取り出す行為など、できることは子どもから始められるようにしましょう。保育者は子どもの行為を確認してから、できないところを手伝うようにしていきます。

▌行為の最後を一緒に見届ける

排泄物が水に流れる様子や、汚れた手をタオルで拭いた後など、「きれいになった」「気持ち良くなった」状態を子どもが目で見て確認できるよう、行為の最後を子どもと一緒に見届けましょう。

▌家庭との情報共有

子どもが行為をしやすいような環境づくりの工夫は、お便りなどで保護者にも知らせましょう。高価な商品でなくてもワンコインで買えるものや、身近にあるもので家庭でも代用できるアイディアなどを「情報共有」することも大切です。

清潔
2歳児

生活習慣のひとつ、「清潔」場面における2歳児の発達と
保育者の関わりについて、詳しく解説します。

▎必要な援助を見極める

自分でやろうとすることと、できることは違います。全てを
子どもに任せてしまわず、必要な援助を見極めましょう。

▎「ジブンデ」できる環境①

近くに鏡があると、鼻をかんだ後や
衣服を着替えた後に、子どもが自
分の状態を確認することができます。

▎「ジブンデ」できる環境②

ティッシュペーパーの近くにごみ箱を
置くなど、子どもが一連の行動をと
りやすいよう、物を配置します。

見通しをもった援助を

基本的生活習慣の獲得は、おおむね3歳といわれてい
ます。2歳は、そこに至るプロセスの真っただ中にいま
す。今の確実な経験とその援助が次の姿へつながると
いう見通しをもって援助を行ないます。

やろうとする気持ちを尊重する

何でも自分でやりたい時期です。子どもが自分でできること、やろうとしていることはできる限り子どもに任せます。しかし、全てを自分でできるわけではないので、保育者の援助は必要です。保育者が手伝おうとすると、子どもがそれを拒否することもよくあります。子どもの自尊心を尊重しつつ「ちょっとだけお手伝いしてもいいかな？」と確認するなどしてから、手助けしましょう。

行為の完了を確認する

子ども自身が行為を「自分でできた！」と満足していても、不十分なところがよくあります。そのままにしておかず、保育者が援助することで子どもの行為が完了したことを確認します。

「気持ち良い」体感ができる援助を

清潔に関する習慣は、「できる・できない」という表面的な行為で判断できるものではありません。子ども自身が「気持ち良い」と体感することが必要です。子どもの様子を確認しながら援助を進めていきましょう。

排泄
0歳児

生活習慣のひとつ、「排泄」場面における0歳児の発達と
保育者の関わりについて、詳しく解説します。

▌言葉と行為を一致させる

保育者のことばがけは、子どもの意識を行為に
向けます。その行為に言葉を添えて、言葉と
行為を結び付け、言葉の理解につなげます。

▌手順を守る

おむつ交換の手順は、
いつも同じ手順を守
ります。子どもが安
心し、次の行為を予
測しやすくなると、
子どもの参加意識が
生まれます。

お尻を
拭こうね

▌必要な物を準備しておく

おむつ交換がスムーズに行なえるよう、必要な物を1箇所に
まとめて、保育者が手に取りやすい位置に準備しておきます。

生活場面の中で学ぶ

排泄、食事などの生活場面の中で、興味を示したもの
を保育者と一緒に見たり（共同注意）、行為と一致する
ことばがけから言葉を理解したりするなど、子どもの
「学習」は、生活場面の中にあふれています。

いつも同じ保育者が同じ場所で行なう

生活を通した「学習」には、まず子どもが安心していることが不可欠です。おむつ交換などの生活援助は、いつも同じ保育者が同じ場所で行ないます。いつも同じという安心感は、情緒の安定をより高めます。

24時間の子どもの体のリズムを把握する

おむつ交換は、子どもの排泄のリズムに応じて行ないます。排泄のリズムは一人ひとり異なります。それぞれの子どもがもっている24時間の体のリズムを把握します。

紙おむつと布おむつの特徴を理解する

どちらを利用するかは保護者の判断ですが、扱い方に違いがあるので、保育者はそれぞれの特徴をあらかじめ理解しておきましょう。各々のメリット・デメリットを知り、子どもの状態を日常的に観察しながら使用しましょう。

子どもの安全を確保する

おむつ交換台などを使う場合には、子どもの安全には十分な注意が必要です。あらかじめ保育者の動線にできるだけ無駄がないようにし、子どもから目を離すことがないよう、子どもの安全に考慮することが大切です。

排せつ
1・2歳児

生活習慣のひとつ、「排せつ」場面における1・2歳児の発達と保育者の関わりについて、詳しく解説します。

▌落ち着いた雰囲気で①

複数の便器が並ぶトイレは、子どもにとって「異空間」にもなり得るものです。家庭のトイレを参考に、落ち着いた雰囲気づくりを心掛けましょう。

▌落ち着いた雰囲気で②

トイレは安全で衛生的であることが大切です。こまめに掃除し、清潔を保ちましょう。

おまる！

▌無理強いしない

おまるや便座には、強制して座らせるのではなく、子どもが興味や関心をもって座ることが大切です。

発達を見極めて

排せつでは、排尿を知覚し、便座に座ってから腹圧をかけたり、排尿口付近の筋肉を意図的に弛緩（しかん）させたりするなど、細かい調整ができるまで体の諸機能が発達している必要があります。子どもの発達を見極めて進めましょう。

▌援助は一対一で

おむつ交換を一対一で行なうように、便器を使うようになっても、援助は一対一で丁寧に行ないます。子どもは単に排泄するだけではなく、トイレットペーパーの使い方や着脱、手洗いまで一連の行動を学習します。

▌小さなサインを共有する

もぞもぞしたり、わざわざ部屋の隅に行こうとしたり、子ども一人ひとりに特有の「尿意のサイン」があります。担当保育者はそれぞれの子どもの体のリズムとサインをしっかりと把握し、子どもと共有します。また、保護者にも伝え共有することで、家庭での排泄の成功につながり、保護者にとっても「成功体験」になります。

▌トイレの装飾に配慮する

トイレはまず衛生的であることが大切です。動物のイラストなどで装飾する必要はありませんが、トイレットペーパーの保管用の入れ物などの色と、マットの色を統一するなど、工夫するといいですね。

排泄
2歳児

生活習慣のひとつ、「排泄」場面における2歳児の発達と
保育者の関わりについて、詳しく解説します。

▌聴覚的理解

排尿の際に出る音や、保育者の「出たね」
ということばがけから、自分で排尿した
ことへの理解が深まります。

▌体感的理解

すっきりとした状態になった
という体感で「自分が排尿し
たこと」を理解します。

出たね

▌視覚的理解

「尿が出た」ことを自分で
見て視覚的に確認するこ
とで追認し、排尿という
行為を理解します。

排泄の自立

排泄の自立には、排泄という行為を理解することと、身
体操作を含めてその方法を獲得することが不可欠です。
単に便器に座る習慣ではなく、子どもが身体操作と感
覚的理解を伴う行動を「学ぶ」プロセスといえます。

子どもの動線を考慮する

トイレに入ってからの行動、たとえば着脱やトイレットペーパーを取ること、そして手洗いまでを考慮して、子どもが一連の行動をスムーズに行なえるよう、動線をよく考えましょう。

❀…❀…❀…❀…❀…❀…❀…❀…❀…❀…❀…❀…❀…❀…❀…❀…❀…❀

一連の流れの中で必要な援助を見極める

台に座って着脱する、脱いだ衣服を整えて置く、排泄する、トイレットペーパーを取る、手を洗うまでの流れの中で、子どもができること、援助が必要なことを細やかに把握し、子どもの主体的行動を支えます。

❀…❀…❀…❀…❀…❀…❀…❀…❀…❀…❀…❀…❀…❀…❀…❀…❀…❀

自我の拡大期を考慮して

この時期は自我の拡大期でもあり、子どもは自分の意図する通りに行動したがりますが、できないこともまだまだたくさんあります。子どもの意図を確認しながら、自分でできないところを援助しましょう。

❀…❀…❀…❀…❀…❀…❀…❀…❀…❀…❀…❀…❀…❀…❀…❀…❀…❀

保護者と発達のプロセスを共有する

「自分でパンツを上げるけれど、後ろ側は大人が手伝う」など、子どもが一連の行動の中で自分でできること、できないことを把握し、保護者とも共有します。毎日の子どもの小さな進歩を保護者と共有することは、子育ての喜びになります。

3. 遊びを保障する環境構成

子どもの発達と玩具

　遊びに没頭する中で、子どもは手指を含めた体で物を操作し、体や思考を育てていきます。玩具は、発達援助のための重要なツールです。一人ひとりの子どもの発達課題を踏まえ、子どもの発達に必要な動作を促す玩具を用意します。室内に設置する比較的大型の遊具も同様です。たとえばトンネルの場合、高ばいで四肢の協調や力の調整、空間の知覚などを経験することを想定して用意します。

　子どもの発達に必要な動作が「いつの間にかできるようになっていた」というのではなく、今必要な経験を十分に保障するための環境構成を想定することが大切です。

手作り玩具

　手作り玩具は温かみがあり、カラフルですてきなものです。けれど、玩具を手作りするために、休憩時間を使ったり、持ち帰ったりして労力を費やしてはいないでしょうか。玩具を手作りする目的は「愛情の込もった手作りの玩具をそろえること」ではありません。その目的は、子どもの発達に必要な玩具を費用と時間を掛けずに提供することです。地域のシニアボランティアにお願いして作ってもらったり、ワンコインショップで購入できる物にひと手間加えたりするだけで、優れた手作り玩具を提供することができます。目的と方法を混同しないことが大切です。

子どもが遊ぶ時間を保障する

　時間は目に見えるものではありません。一人ひとりの子どもが十分に遊ぶ時間は保障されているでしょうか。クラスとしての一日の流れがある程度決まっていて、遊びの時間が確保されていたとしても、一人ひとりの子どもにとっての時間の流れを確認してみることが大切です。遊び始めたのに、すぐに終わらざるを得なかったり、没頭している遊びを中断せざるを得なかったり、というようなことが起きていませんか。遊びは必ずしもクラス全体で行なうものではありません。一人ひとりの子どもが十分に遊べるよう、それぞれの一日の流れをつくり、目には見えない「時間」をしっかり保障していきましょう。

遊びにおける保育者の役割

　遊びは保育者がリードするものではありません。時として「見本を見せる」ことがあっても、その遊びは子どもに渡していくものです。「遊びの主体は子どもである」という保育の基本は、3歳未満児でも同様です。保育者は、遊びを見守ることを通して子どもを観察します。この観察とは、単に視界に子どもの遊びが入っている状態ではありません。保育者が意図をもち、視点を据えて見守ることが大切です。

粗大運動

0歳児

0歳児の「粗大運動」を促す環境構成と保育者の関わりについて、詳しく解説します。

子どもの動きを促す玩具

転がしたり、押したり、引っ張ったりして動かす玩具は、様々な反応で子どもの動きを促します。

安全に配慮した遊びの動線

子どもは、自分の遊び以外のことには注意が散漫になりがちです。子どもの動きと安全に配慮した動線を想定しましょう。

子どもの動きを促す遊具（家具）

魅力ある遊具が、子どもの"遊びたい！"という意欲を引き出します。遊びに必要な大きな動きが子どもの体を育てます。

粗大運動の発達を促す道具

保育者は、子ども自身の様々な動作によって、粗大運動の発達を促すことをねらいとして遊びを用意します。子どもにとって遊びは「目的」です。遊び始めた子どもに様々な反応が返ってくる道具を用意しましょう。

▌様々な動作を想定する

たとえば、スロープは単に「はう」遊びとして捉えるのではなく、「四肢に力をいれてはう」など、動作を通して経験することを想定し、遊具の配置を考えていきましょう。

▌それぞれの玩具の役割を理解する

玩具を使うことで、両手を交互に動かす、バランスをとって歩くなど様々な動作を経験します。それぞれの玩具が子どもの発達に果たす役割を理解し、子どもの発達課題に適した玩具を用意しましょう。

▌寝返り前の全身運動を促す

「ねんね」の頃でも、つるしてある玩具に手を伸ばして触れようとしたり、四肢を使ってボールをつかもうとしたりするなど、全身を大きく動かして遊びます。子どもの様々な動作を誘う環境を構成しましょう。

▌発達プロセスの先取りをしない

保育者が両手で支えて立たせたり、ひとり立ちの時期の子どもの両手をつないで歩かせたりする必要はありません。今できる動作をしっかり経験することが、次に出る動作の練習になります。

粗大運動
1・2歳児

1・2歳児の「粗大運動」を促す環境構成と保育者の関わりについて、詳しく解説します。

▌発達課題に応じた動作

姿勢の保持や重心の移動など、子どもの発達課題に応じた動作を、子どもが直接的に体験できることが大切です。

箱を動かしたくて重心を前に

箱から手を離してバランスをとってしゃがむ

▌室内で経験する粗大運動

粗大運動は、戸外で跳んだり走ったりすることだけではありません。室内でも様々な粗大運動を経験できます。

▌幾つもの遊び方が可能な遊具を

押す、引く、出る、入るなど遊び方が複数あると、発達に応じて遊び方が変わり、子どもの経験の幅が広がります。

遊びの中に混在する5領域

ひとつの遊びには、複数領域の内容が混在しています。上記の遊びなら、「健康③、人間関係①、環境③」などが想定できます。遊びの中にある各領域の保育内容を意識して、計画的に遊び道具を含めた環境を構成します。

▌玩具の置き場所を工夫する

ふだんの生活の中にも粗大運動を取り入れましょう。たとえば、玩具を少し高い位置に置くことで、玩具を出し入れする度に背伸びの動作を促せます。

▌室内で様々な動作を保障する

室内の遊びでも、押す、またぐ、しゃがむ、など様々な動作を経験できます。そうした動作を促すことを想定した遊具を幾つか設置し、遊びを通して体を動かす経験を保障します。

▌戸外での活動もねらいをもって

戸外で遊ぶ際にも、子どもがそこでどんな動作を経験するのかを把握することが大切です。斜面やでこぼこの地面でバランスをとって歩く、しゃがむ、走るなど様々な動作を想定し、ねらいをもちましょう。

▌安全面に配慮する

室内であれ戸外であれ、安全面への配慮は不可欠です。この年齢での動作の変換では、重心の移動が不安定になりがちなので、保育者の見守りと配慮が必要です。

粗大運動

2歳児

2歳児の「粗大運動」を促す環境構成と保育者の関わりについて、詳しく解説します。

▌危険なことを知らせる

押す、跳ぶなど、場合によっては危険につながる行為は、その都度きちんと伝え、正しい遊具の使い方を知らせます。

▌年齢に応じた動作を促す遊具

両足に力を入れて動かす、バランスをとって歩くなど、年齢に応じた動作を経験できる遊具を用意します。

▌少し難しい動作の経験もできるように

「やってみたい」という意欲がもてるように、安全に配慮した上で少し難しい動作も経験できるようにします。

運動面の発達とねらい

走る、跳ぶなど、様々な動作ができるようになる年齢です。更にスピードを調節したり、方向を転換したり、歌に合わせて動作をしたりと、動作を調整することも遊びの中でねらいとして想定しましょう。

運動のための空間

戸外などの広い空間で体を動かすことも大切です。
運動のための空間とは、何も置いていない空間では
ありません。何も置いていない空間は、何もするこ
とがない空間にもなるので、遊びの中で子どもが発
達に応じた動作を経験できるような遊具が必要です。
「遊びたい」「やってみたい」という意欲が、子どもの
体を動かします。その直接的経験が、子どもにとっ
ての学びとなります。

子どものアイディアを生かす

子どもの発想が遊びを豊かにすることもあります。楽しいだけではなく、子どもの発達
に有効な点を捉えて、それを保育者がまねて他児にもアピールするなど、子どものア
イディアを活用しましょう。

安全面に配慮する

子どもの意欲的な運動には、けがの危険も伴います。小さなけがであっても、なぜ、ど
のような状況で起きたのかを保護者にきちんと説明できるよう、見守ることが大切で
す。

微細運動

0歳児

0歳児の「微細運動」を促す環境構成と保育者の関わりについて、詳しく解説します。

▌目に留まり手が届く位置に

子ども自身が見つけた遊びを、自分から楽しみ、始められるよう、玩具は子どもから見えやすく、手が届く位置に置きます。

▌手の使い方を見通して

握る、引っ張る、放す、出す、入れるなど、発達に応じた手の使い方を見通し、玩具を用意します。

▌子どもにとって動作は「遊びの手段」

保育者は子どもの発達を支えるために、発達課題となる動作を促す玩具を用意しますが、子どもの目的は「遊び」そのものであり、そこで経験する動作は「遊びのための手段」です。

体の発達と相互に関連し合う

微細運動は、指先だけが細かに動くようになるのではありません。上半身が安定することで、腕の自由な動きが可能になり、肩や肘そして手首の動きを伴って手指の動きが成立するというように、体の発達と相互に関連し合うものなのです。

▌手を使う遊び

握る、放す、出すなど、この時期の子どもが手を使う遊びは、比較的シンプルなものです。大きさや手触り（触覚）を考慮して、容器やその中に入れるものを用意しましょう。

▌手作りは目的ではない

手作り玩具は、子どもの発達課題にスピーディーに対応できるもので、「愛情を込めて手作りすること」が目的ではありません。十分に安全であれば、ワンコインショップで購入可能なグッズも活用できます。

▌認識の育ちとのつながり

手を使う遊びは、操作を伴うものです。操作は思考の始まりといわれるもので、子どもは放すと落ちる、引っ張ると出るなどの単純な操作を楽しみながら、因果関係を体験し学習しています。

▌子どものやりたいこととできることを見極めて

食事の際には、保育者が使う補助スプーンに手を伸ばしたり、自分で食べ物をつかんで口に運んだりするようにもなります。子どもがやりたがることと、できることには開きがあります。保育者の見極めが大切です。

微細運動
1・2歳児

1・2歳児の「微細運動」を促す環境構成と保育者の関わりについて、詳しく解説します。

発達課題を意識して玩具を用意する

親指と人さし指、中指を使う動きなど、0歳児よりも細かな手指操作を楽しめる玩具を用意します。

両手の協調

両手を使う遊びでも、はめる、通すなど右手と左手を協調させた動作を楽しめるようになります。

認識の育ちとの関連

かぶせる、のせる、合わせるなど、玩具の扱い方や楽しみ方も豊かになります。位置の把握や思考など認識面の育ちが関連しています。

遊びの中に混在する5領域

手や指先を使うことは、子どもにとって遊びの一部です。更に、その遊びの中に、「健康、人間関係、環境」など5領域の内容が含まれていることを踏まえ、計画的に環境を構成しましょう。

遊びの中の手の動きを意識して

絵本ではつまむ力を調整しながらページをめくる、生活再現遊びの中では、たとえば、左手で器を持って右手のフライパンを傾けて具材を移すといった、左右の手を別々に動かしてひとつの動作を行なう子どもの姿が見られます。遊びの中で経験する微細運動を意識して環境を整え、子どもの遊びを豊かにしましょう。

なぐり描き

ペンを握って腕を動かす「なぐり描き」を楽しみます。この時期は、片手で紙を押さえるのは難しいので、テープで紙を固定すると、なぐり描きを楽しみやすくなります。

上握りでの操作

スプーンを上握りで持ち、操作しようとします。上握りの時期は、肩と肘の動きで動作を行なうので、正確にスプーンを扱うことは困難です。保育者の適切な援助がまだまだ必要な時期といえます。

パーソナルスペースに配慮する

手指の動作が必要な遊びでは、他者から干渉を受けず自分のペースで楽しむ時間と空間が必要です。一人ひとりの子どもがじっくりと遊べるよう、パーソナルスペースに配慮しましょう。

微細運動

2歳児

2歳児の「微細運動」を促す環境構成と保育者の関わりについて、詳しく解説します。

▌発達特性に応じた玩具を用意する

つなげたり並べたりすることが楽しくなる年齢です。それができるように同じ玩具を十分に用意します。

▌玩具の豊かさは遊びの豊かさ

遊びのための道具である玩具が豊かであることは、子どもの経験を豊かにします。様々な遊び方ができるシンプルな玩具をたくさん用意しましょう。

▌道具は種類豊富に用意する

トングや様々な形のスプーンなど、遊びの中で使う道具にもバリエーションをもたせると、子どもの動作がより豊かになります。

「幼児期の終わりまでに育ってほしい姿」の基礎

この年齢で楽しくなる動作に、集める、つなげる、並べるなどがあります。これらは手指を使う活動であるとともに、分類や数量、長さを扱う直接的経験であり、「幼児期の終わりまでに育ってほしい姿」の基礎となるものです。

▌目と物の距離に配慮する

ビーズのひも通しなどの指先を使う細かな動作は、目できちんと対象物を捉える必要があります。子どもの手元と目の間は適切な距離がとれるよう、子どもの体に合ったイスと机を用意しましょう。

🌸…🌸…🌸…🌸…🌸…🌸…🌸…🌸…🌸…🌸…🌸…🌸…🌸…🌸…🌸…🌸…🌸…🌸…🌸

▌動作を助ける道具を

遊びの中で微細運動が促されると、食具を扱えるようになり、少しずつひとりで食事ができるようになります。子どもが握りやすい形状のスプーンや、食べ物をすくい取りやすい形状の皿など、子どもの動作を助けてくれる食器を選びましょう。

🌸…🌸…🌸…🌸…🌸…🌸…🌸…🌸…🌸…🌸…🌸…🌸…🌸…🌸…🌸…🌸…🌸…🌸…🌸

▌利き手ともう一方の手

利き手を積極的に使うようになりますが、利き手側の巧緻性（こうちせい）の向上だけでなく、もう一方の手をどう使っているかについても意識を向けましょう。たとえば、はさみを使うときには切る物を固定する、絵を描くときには紙を押さえる、食事の際には皿に手を添えるなどです。利き手でないほうの手は、利き手の動きをサポートするための動きを担います。両手は協調して働くものです。

見立て・ごっこ遊び
0歳児

「見立て・ごっこ遊び」を0歳児が十分に楽しむための環境構成と保育者の関わりについて、詳しく解説します。

▌見立て・つもり遊びの始まり

物を何かに見立てて遊んだり、○○のつもりになって遊んだりするのは1歳を過ぎた頃からです。様々な玩具を使ってしっかり遊びましょう。

▌言葉と行動がつながる

1歳の誕生日を迎える頃に、「ちょうだい」「どうぞ」など、簡単な言葉の意味が分かり、それが行動とつながります。

▌やり取りを楽しめるように

子どもが保育者に視線を向け、保育者がほほえんでそれに応えるなど、ふだんの生活の中でのやり取りをうれしいものと捉え、それを楽しめるようにしましょう。

認識や考える力が育つ

この時期の子どもの操作は、思考の基本といわれます。いわば、考える力の基礎をつくっている時期です。記憶の再現やイメージをもって物を扱う遊びは、認識や考える力の育ちの基盤となります。

生活経験はごっこの基本

子どもは大人の行動をよく見ています。今現在の行動・経験していることを再現することで、大人のまねを楽しみます。食事、衣服の着脱、排泄などの生活行為を子どもが理解していることの表れでもあります。生活行為は丁寧に、毎回同じ手順で繰り返しましょう。また、子どもと一緒にいる大人の一挙一動は、子どものモデルとなることを保育者はしっかり意識しましょう。

わらべうたでやり取りを楽しむ

わらべうたには、子どもに分かりやすい言葉やリズム、歌いやすい旋律など、０歳児でも楽しめるものがたくさんあります。大人と子どもがいてこそ成立する豊かな遊びのひとつといえるでしょう。１歳の誕生日を迎える頃には、簡単なやり取りも楽しめるようになります。子どもと大人が一対一で行なうわらべうた遊びは、子どもが大人と対等にできる遊びでもあります。

3. 遊びを保障する環境構成

見立て・ごっこ遊び
1・2歳児

「見立て・ごっこ遊び」を
1・2歳児が十分に楽しむ
ための環境構成と保育者
の関わりについて、詳しく
解説します。

▌「つもり遊び」の始まり

「食べているつもり」「寝ているふり」
など、子どもなりにイメージや意図を
もって物を扱うことを楽しみます。

▌遊び道具をたくさん用意する

食べ物や食器の玩具など、色や形が
はっきり分かる道具がたくさんあると
遊びが豊かになります。

▌絵本に出てくる「物」を楽しむ

絵本に描かれた食べ物や車などを指さしたり、
食べるまねをしたりして楽しめるようになります。

道具を使って遊びを豊かに

人形の世話をしたり、かばんを持って出掛けるつもり
になったり、道具を使うことで遊びがより豊かになりま
す。道具を使うには、手指操作などの身体機能と思考
の育ちが基盤として必要です。

▌室内遊びのコーナーを分ける

生活再現を主とした「つもり遊び」、手指を使う遊び、物を並べる遊びなど、子どもの遊びを種類ごとに分けてコーナーを設けます。子どもが見て分かりやすく手に取りやすい位置に玩具を置いたり、遊ぶための十分な広さなどを考慮したりしましょう。

▌遊びの広がりを想定して

人形には抱っこひもや布団、食べ物には食器やスプーンというように、年齢なりの遊びの広がりを想定して、道具をそろえます。同時に複数の子どもが遊べるよう、それぞれの玩具を複数用意します。

▌発達課題に合った玩具選びを

玩具は、発達課題に合わせて選びます。たとえば、スリッパを履くときの身体操作やスプーンを使うときの手指操作などです。必要な動作を促す遊び方を想定して玩具を用意しましょう。

▌簡単なお手伝い

大人からの簡単な要求が理解できるようになり、単純なお手伝いが楽しくなります。「タオルを持って来て」など、子どもが無理なくできることを頼んでみましょう。ここでの目的は、子どもに「ありがとう！」を伝えることです。

見立て・ごっこ遊び

2歳児

「見立て・ごっこ遊び」を2歳児が十分に楽しむための環境構成と保育者の関わりについて、詳しく解説します。

■「見立て」の始まり

この時期になると、物を自分のイメージする別の物に見立てて遊ぶことを楽しみ始めます。

■色や素材、数に留意して

何にでも見立てられるよう、色や素材を考慮し、十分な数を用意しましょう。

■ごっこ遊びの始まり

何かのつもりになり、物を見立てて遊ぶごっこ遊びが楽しくなります。ごっこ遊び用のコーナーを設けましょう。

遊びの中の学び

自分の好きな色だけを集めたり、2色を交互に並べたりする遊びの経験は、数量を扱う際の基本的な感覚を養います。こうした直接的な経験を重ねて、幼児期そしてその終わりへと進むプロセスを支えることが大切です。

▌自由に見立てられるものを豊富にそろえる

見立てて遊ぶようになるため、「食べ物そのもの」のような玩具は控え、何にでも見立てられるものを豊富に用意しましょう。

✿…✿…✿…✿…✿…✿…✿…✿…✿…✿…✿…✿…✿…✿…✿…✿…✿…✿…✿

▌保育者が遊びの先取りをしない

たどたどしく見えても、子どもは自分なりのイメージをもって遊んでいます。保育者が役割を振り分けたり、遊びのシチュエーションを設定したりして、子どもの発想やペースを先取りするようなことは控えましょう。

✿…✿…✿…✿…✿…✿…✿…✿…✿…✿…✿…✿…✿…✿…✿…✿…✿…✿…✿

▌片付けの中にある「経験」

片付けには、「たくさんある物の中から特定の属性の物を分ける＝分類」や「あるべき場所に戻す＝対応」など、数量に関わる要素も含まれています。

✿…✿…✿…✿…✿…✿…✿…✿…✿…✿…✿…✿…✿…✿…✿…✿…✿…✿…✿

▌片付けやすい環境を

玩具を置く位置を定めたり、棚やかごに、中に入っている玩具の写真を貼ったりすることで、子どもが遊びを始めやすいばかりでなく、片付けやすくもなります。子どもが気持ち良く片付けられる環境を整えましょう。

絵本
0歳児

0歳児の発達と「絵本」について、詳しく解説します。

▌保育者とのやり取りが楽しい

お気に入りの絵本は、子どもが大好きな保育者とのやり取りを楽しむためのツールです。

▌一対一のひととき

この年齢の絵本は、複数の子どもに対する一斉の読み聞かせではなく、子どもが保育者との一対一のひとときを楽しむものと捉えましょう。

▌絵本の楽しみ方

ページをめくること、指さししてそれに応えてもらうこと、保育者の膝のぬくもりを感じることなどが、この年齢の絵本の楽しみ方です。

言葉の獲得はやり取りから

子どもは人とのやり取りを通して言葉を獲得していきます。単に絵本を読むから言葉を覚える、というものではありません。やり取りが楽しいからこそ、言葉を獲得し、それを使うようになるのです。

子どもにとって分かりやすい絵本

指さしが楽しい頃の子どもにとっては、見開きページにたくさんの情報が入っているよりも、すぐに分かる大きさでシンプルに示されているもののほうが、理解しやすく楽しむことができます。また、イラストがデフォルメされている絵本は、大人の目には「かわいい」と映っても、子どもにとっては、分かりにくい場合があります。子どもの視点に立って絵本を選ぶ目を養いましょう。

絵本は表紙が見えるように

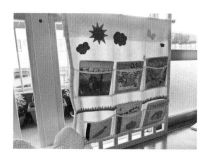

子どものお気に入りの絵本は、表紙の「絵」が見えるように置きましょう。本棚にきれいに並べるよりも、絵を見てすぐ識別できるので、自分の好きな絵本をスムーズに選ぶことができます。見せ方を工夫しましょう。

主導権は子どもに

絵本を開いて、子どもの視線が捉えるもの、子どもが指さすものを一緒に確認していきましょう。決して先取りはせずに、子どもの視線や表情から、その興味や関心が向かっている先を意識します。

絵本
1・2歳児

1・2歳児の発達と「絵本」について、詳しく解説します。

▌一対一で

絵本は一対一で読むのが基本です。どの子どもにも一対一のひとときを保障しましょう。

▌十分な数の絵本を

子どもが自分の好きな絵本を選べるように、人数に応じた十分な数の絵本を用意します。

▌絵本を介したやり取り

保育者は子どもの興味を読み取り、それに沿った言葉を返すなど、子どもが絵本を介してたくさんのやり取りを経験することが大切です。

ストーリーを楽しみ始める

絵本に興味が向き始める頃には、指さしや片言、動作や表情で子どもが絵本の場面に参加します。ストーリーを楽しみ始める姿です。リズミカルな言葉を繰り返すなど、「言葉の楽しさ」に気付き始めます。

▌簡単な繰り返しのある絵本を

簡単な繰り返しのある絵本を好みます。繰り返しがあることで、子どもは次の展開を予測しやすくなります。子どもが親しめるような、簡単な繰り返しのある絵本を選びましょう。

例）『だるまさんが』（作／かがくいひろし、ブロンズ新社）

▌言葉を楽しむ

「きゅっきゅっ」「どんどこどんどこ」など擬態語や擬音語（オノマトペ）の繰り返しを喜びます。オノマトペが出てきたらリズミカルに語り、子どもと一緒に唱えるなど、言葉そのものを楽しみましょう。

▌もう一回！　に応えて

「もっかーい！」「もっかーい！」と、同じ絵本を何度も読んでもらいたがります。絵本そのものだけでなく、"読んでもらうこと"がうれしいので、できる限り応えていきましょう。

▌お気に入り絵本の紹介

お便りや掲示などで、子どものお気に入りの絵本をどんどん紹介していきましょう。作品だけではなく、子どもが喜ぶポイントや発達と関連付けた解説を入れると、保護者にも伝わりやすくなります。

絵本
2歳児

２歳児の発達と「絵本」について、詳しく解説します。

▌ゆっくり読む

ストーリーを理解し、楽しめるようになります。
子どもが理解しやすいよう、ゆっくり読みましょう。

▌複数人で読むときは

複数の子どもが一緒に絵本を見るときは、
保育者と並んで絵本を読める範囲の少
人数で絵本を囲みます。

▌楽しみを広げる

一人ひとりの子どもが好きな場面や
喜ぶせりふを把握し、絵本の楽しみ
を広げていきましょう。

繰り返し楽しむ

簡単なストーリーが分かり、お話を楽しめるようになりま
す。起承転結のはっきりした、分かりやすい絵本を選び
ましょう。すぐにごっこ遊びに結び付けるのではなく、何
度も何度も読んで、お話の世界を楽しむことが大切です。

絵本コーナー

絵本コーナーは、一人ひとりの子どもがゆったりとした雰囲気で絵本を楽しめるよう、クッションなどを設置したり、子どもの視界に他の刺激が入らないようにしたりするなど、工夫が求められます。

また、絵本を取り出しやすいようにすると、同時に片付けやすくもなります。絵本の表紙をコピーして絵本棚に貼っておくと、戻す位置が明確になり、より子どもが自分で行動しやすくなります。

絵本を遊びのきっかけに

絵本の登場人物が使っていたものや、絵本に出てくる色使いや形が似ているものなどを子どもの目につく位置に置いてみましょう。"あっ!　同じだ!"と、子どもが絵本と関連付けて遊び始めたら、遊びがひとつ広がります。

絵本は大切に扱う

絵本は読めば読むほど劣化します。大切に扱いましょう。保育者が見本となり、日頃から丁寧に絵本を扱う姿を見せることで、子どもが絵本の扱い方を学びます。

4.ひとり遊びから協同遊びへ

ひとり遊びを保障すること

　子どもの遊びは「ひとり遊び」から始まります。子どもが興味や関心をもって、自分からものに働き掛けるという一連の行動を保障するために、子どもが遊びに没頭できるよう、その発達に応じた玩具を用意することが大切です。子どもがひとりで遊び始めたら、保育者はその様子をしっかり見守りましょう。

　ひとり遊びと「ひとりぼっち」は異なるものです。やがて平行遊びとなり、他児へも興味や関心を向けるようになるための前段階です。子どもは、興味や関心のあるものに働き掛け、単純な操作を楽しみながら「思考すること」を経験しています。保育者は子どもの様子を見て、必要なときにヒントを出す、見本を示すなどの手助けを行ないます。

みんなで一緒に？

　3歳未満児は、ひとり遊びから平行遊び、そして平行遊びを経て他児へと興味や関心が向かっていきます。この段階で「集団生活だから」「クラスのお友達だから」と、集団で遊ばせようとしたり、「みんなで一緒に」行動させたりする必要はありません。子どもが今、興味や関心を向けている物事を尊重し、それを十分に経験させることで、子どもは発達のプロセスを歩んでいきます。幼児の遊び方を簡素化したり、集団規模を小さくしたりすることで、遊びが「3歳未満児向け」のものになるわけではありません。子どもの発達を見通し、今楽しんでいるひとり遊びや平行遊びを十分に保障することが大切です。

愛着が基盤

　子どもが落ち着いて遊ぶためには、自分自身が安全で安心できること、つまり安心への確信が必要です。そうした確信は、特定の大人との情緒的な絆が形成されることによって生まれるものです。子どもが落ち着いて、遊びに没頭するための基盤は、特定の保育者との間に結ぶ愛着です。特定の保育者が近くにいることで、子どもは安心して遊ぶことができます。子どもの遊びを見守るときには、できるだけ子どもから見える場所にいるようにしましょう。子どもはその「安心」に確信がもてるようになると、保育者が視界の中にいなくても、ひとりで行動できるようになります。

協同性が育つプロセス①

　幼児期の終わりまでに育ってほしい姿のひとつに「協同性」があります。この「協同性」の育ちを考える際に、5歳児は「クラス全体で目的をもって協同する」ことがゴールになると捉え、4歳児では「クラスを二つのグループに分けて、各グループ内で協同」、3歳児では「10人程度のグループで協同」、2歳児では…というように、年齢が下がるごとにその上の年齢の課題を簡素化することは大間違いです。発達にはプロセスがあり、そのプロセスの中で子どもが見せる姿は大きく変容していきます。「協同性」の育ちも同様に、0歳児からの育ちをたどる中で、子どもの見せる姿は様々に変わっていきます。

協同性が育つプロセス②

　0歳児から「協同性」の育ちをたどると、特定の保育者との愛着の形成から始まります。それによって子どもは情緒の安定を得て、周囲へ興味や関心を向けます。その興味や関心が子どもの意欲となり、環境に働き掛ける「ひとり遊び」が始まります。そして、複数の子どもが同じように同じ玩具で遊ぶ「平行遊び」へと発展します。平行遊びを十分に楽しむ中で、子どもは自分と同じ玩具で遊ぶ他児に意識を向けるようになり、働き掛けが生まれたり、まねっこが始まったりして、子ども同士の関わりが「楽しい」ものとなります。3歳未満は、ひとり遊びや平行遊びの時代です。この時代の豊かな経験は、次のプロセスに進むための土台となります。

協同性が育つプロセス③

　2歳児の後半頃から、子どもが群れて遊ぶ形態の「連合遊び」を楽しむようになります。「連合遊び」では、複数の子どもが一見一緒に遊んでいるように見えますが、たとえばままごとなら全員が母親役、というように、自分の興味や関心

が中心の遊び方で、集団に所属して遊ぶという遊び方ではありません。しかし、この「連合遊び」は幼児期後半に現れる「協同遊び」への橋渡しとなり、この時期に「連合遊び」を十分に経験することが、幼児期の「協同遊び」を楽しむ基盤となります。遊びを通して協同性を育てるならば、そのプロセスを見通し、それぞれの年齢で子どもの豊かな経験を保障することが大切です。

《協同性の育ち》

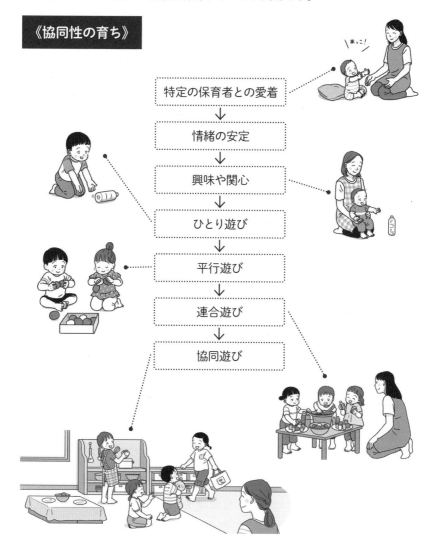

特定の保育者との愛着
↓
情緒の安定
↓
興味や関心
↓
ひとり遊び
↓
平行遊び
↓
連合遊び
↓
協同遊び

友達との関わり
0歳児

ひとり遊びから協同遊びへと向かう中での、0歳児の「友達との関わり」について、詳しく解説します。

▌ひとり遊びを保障する

0歳児は、ひとり遊びをたっぷり楽しむ時期です。子どものひとり遊びを保障し、充実させることが大切です。

▌玩具は同じものを複数用意する

複数の子どもが同時に遊べるよう、同じ玩具を複数用意しましょう。

▌視点を据えて観察する

保育者は、ひとり遊びをしている子どもが、どのような動作で何を楽しんでいるかを把握するため、しっかり観察し見守ります。

ひとり遊びを楽しめるように

情緒が安定していると、子どもの興味や関心は周囲に向かいます。子どもが自分から玩具を見つけ、それに働き掛けることからひとり遊びが始まります。子どもが十分にひとり遊びを楽しめるような環境をつくりましょう。

▌特定の保育者との関係が基盤

特定の保育者との情緒的絆の形成は、人に対する信頼感の基盤となり、他者との関係を築いていく力を支えるものとなります。まずは、特定の保育者との関係をしっかり築きましょう。

▌「仲良く遊ぶ」はねらいとなり得ない

この年齢では、子ども同士が交流して遊びを成立させることは困難です。「一緒に遊ぶ」「仲良く遊ぶ」という活動をねらいにすることは、むしろ無理強いになるということを理解しておきましょう。

▌偶発的な交流

別々に遊んでいる子ども同士、たまたま目が合って「にこっ」と笑い合ったり、ひょっこり顔をのぞかせて「ばぁ」としたりするなど、思い掛けずうれしい交流が起きることもあります。保育者は子どものうれしい心情に共感しましょう。

▌次への見通しをもって

子どもの姿は発達のプロセスをたどりながら、ひとり遊びから平行遊び、そして友達の存在に目を向け始め、連合遊びへ、というように変わっていきます。保育者は見通しをもって、今の子どもの経験をより豊かなものにしていきましょう。

友達との関わり
1・2歳児

ひとり遊びから協同遊びへと向かう中での、1・2歳児の「友達との関わり」について、詳しく解説します。

▌同じ玩具を複数用意する

1歳児では平行遊びの状態で遊ぶことが多いので、それが可能になるように、同じ玩具を複数用意する必要があります。

▌無理に交流させない

近くで同じ遊びをしているからといって、保育者が強引に子どもの興味を他児に向けるようなことはやめましょう。

▌それぞれがひとりで遊びを楽しむ

複数の子どもが、それぞれ同じような玩具で遊びますが、子ども同士に交流はなく、それぞれがひとりで遊んでいる状態です。

安心して十分に遊びを楽しむ

1歳児では、特定の保育者との情緒的な絆の下、子どもが安心して遊びを楽しみます。この時期を十分に経験して、まねっこなど他児との交流が生まれ、「他者との関わり」が芽生え始めます。それが自立心や協同性が育つ基盤となります。

▌パーソナルスペースの確保

ひとり遊びを十分に楽しむには、それぞれの子どもの遊びが他児の遊びを妨げないよう配慮する必要があります。子どもが十分に遊べるよう、保育者は、子どものパーソナルスペースの確保を心掛けましょう。

▌まねっこの始まり

他児に目が向くようになると、子ども同士でちょっとしたしぐさや行動をまねして喜ぶ、まねっこの姿も現れます。まねっこは二人から始まります。保育者は、そこに他児を引き入れるなどせず、まず二人の共感を大切にしましょう。

▌コーナーの広さは少人数を想定して

遊びのコーナーは、3〜4人での平行遊びが可能なくらいの広さで十分です。まねっこを楽しむにしても、それは大人数で楽しむものではありません。

▌サインを見逃さない

周囲に関心が広がりだす1歳児ですが、自分の安全基地である保育者のこともよく見ています。子どもからのサインを見逃さないよう、一人ひとりをしっかり見守りましょう。

友達との関わり
2歳児

ひとり遊びから協同遊びへと向かう中での、2歳児の「友達との関わり」について、詳しく解説します。

▌自我の拡大期

自我の拡大期にある2歳児では、子ども同士のトラブルも起こりやすくなります。主張を通す経験、主張が通らない経験、どちらも大切です。

▌保育者は「仲立ち」を担って

保育者は子どもの気持ちを受け止め、その心情に共感し、子どもの気持ちを相手に伝える役割を担います。それが「仲立ち」です。

▌気持ちのコントロールを支える

保育者は、子ども同士のトラブルに形式的に仲直りをさせたり、「ごめんね」を言わせたりするべきではありません。子どもの気持ちに寄り添い、子どもが自分で気持ちをコントロールする経験を支えます。

連合遊びは重要なプロセス

2歳児後半の遊びは、他児と一緒に遊んでいるように見えても、自分が楽しむことが中心となる遊びです（連合遊び）。その遊び方が幼児期の協同遊びの橋渡しとなります。協同性を育てる上で、必ず通るプロセスです。

▌保育者は子どもの安全基地

周囲のものや友達へと興味や関心が広がっていきます。この年齢の子どもがどんどんひとりで「冒険」できるようになるのは、子どもの安全基地である特定の保育者に対する信頼があるからこそなのです。

▌気持ちを立て直す

2歳児には思い通りにいかないことが多々起こります。その度に保育者は子どもの気持ちを受け止めて、子どもが自分の気持ちに直面したり、それを立て直そうとしたりする姿を支えます。

▌コーナーの広さに配慮して

遊びのコーナーは、それぞれ3～4人での連合遊びが楽しめる程度の広さを用意しましょう。玩具は、一人ひとりが十分に遊べるように複数用意するなどの配慮も必要です。

▌「おそろい」がうれしい

たくさん用意する玩具の中で、エプロンやバッグなど「おそろい」のものを何組か用意しておきましょう。子どもがおそろいに気付き、「いっしょだ！」と喜ぶ場面をつくることにつながります。

4章
保育所保育指針から見る
0・1・2歳児の保育

乳児保育に関わるねらい及び内容、

1歳以上3歳未満児の5領域について解説していきます。

1. 乳児保育に関わる ねらい及び内容

健やかに伸び伸びと育つ

　子どもが心身ともに健やかに育つために、快適な環境の構成、子どもが自分で体を動かす経験、体のリズムでもある生活リズムの芽生えを支えることなどが求められます。快適な環境は、人的環境、物的環境の両面からつくり上げます。食事、排泄、着脱、睡眠などの生活場面で、子どもが気持ち良く過ごせるように、子どもを援助する保育者の動線の確保や、子どもが視覚的に理解できるような「分かりやすい」物の配置が大切です。更に、子どもが音を聴き取ったり、発声しやすくなったりする音環境にも意識を向けることが大切です。子どもが大声を出さずに保育者へ声が届くように、音環境を整えましょう。

身近な人と
気持ちが通じ合う

　子どもが特定の保育者との間に結ぶ愛着は、乳児期に最も大切であるといっても過言ではありません。この場合の特定の保育者とは、「複数の担任保育者」を指すものではなく、固有名詞をもつ一人の人です。ここで結ばれた愛着によって、子どもの情緒が安定し、子どもが安心して主体的に環境に働き掛けることが可能になります。子ども自身がもつ「伸びる力」の基礎を支えるものです。特定の子どもと愛着関係を結ぶ保育者は、担任間で連携を図り、子どもの情報を共有します。また、「第二の担当者」を決めるなどして保育者同士が支え合い、特定の人が不在でも子どもが安心できる環境をつくりましょう。

身近なものと関わり
感性が育つ

　情緒が安定した子どもは、周囲に興味や関心を向けるようになります。この興味や関心が、「触ってみたい！」「行ってみたい！」という子どもの意欲となり、直接的経験が生まれます。子どもが自分からものに働き掛けることは、「思考の始まり」でもあります。押したら転がった、放したら落ちた、というように、子どもが対象に働き掛けたことには、何らかの結果が伴います。こうした単純な因果関係を体験することは、子どもにとっての学びとなります。子どもが働き掛けたくなる対象、つまり玩具をたくさん用意することは、この時期の子どもの学びを豊かにするということです。

2.1歳以上 3歳未満児の5領域

一人の子どもの育ち全体を見て

2017年に改定された保育所保育指針では、新たに1歳以上3歳未満児の内容に5領域が位置付けられました。ここに示された3歳未満児の保育内容は、乳児保育（0歳児の保育）や3歳以上児の保育内容とつながりをもつものとされています。3歳未満児の保育内容の5領域は、独立したものであると同時に、0歳から就学までの保育の連続性の中に位置付くものとして捉えることが求められます。更に、この連続性は、就学前期のみで終結するものではなく、就学後の子どもの育ちへと続きます。つまり、一人の子どもの育ち全体を見る視点が位置付けられたといえます。

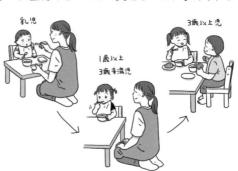

領域内容は、子どもの発達とともに変容を伴う

1歳以上3歳未満児の保育の内容は、そもそも年齢枠が大きく設定されているため、実際の活動として捉える際には、保育者の配慮が必要です。この間の子どもの発達は著しく、1歳の誕生日を迎えたばかりの子どもと3歳の誕生日を数日後に迎える子どもには、発達に大きな差があります。したがって、3歳未満児の5領域の中に示された内容は、この期間の中で子どもの発達に応じて少しずつ姿を変容させながら、内容そのものも育っていく、というように捉える視点も大切です。

項目間での
つながりや独立を理解する

　1歳以上3歳未満児の保育の内容に示された全ての項目が、乳児保育の内容に示された項目や、3歳以上児の保育の内容に示された項目とつながるわけではありません。各年齢層の項目同士でつながるものもあれば、つながらないもの、つまり独立しているものも当然あります。また、乳児保育と1歳以上3歳未満児ではつながるけれど、3歳以上児の保育とはつながらないものや、1歳以上3歳未満児と3歳以上児の保育でのみつながりがあるものもあります。その年齢にしかないものは、「その年齢だからこそ必要なこと」として存在しているものです。こうした項目間でのつながり、もしくは独立を理解することは、長い期間での保育を見通すことにつながります。

生活と5領域

　食事や排泄、着脱といった子どもの生活の中にも、5領域は存在します。たとえば食事場面で、「食事前に手拭きタオルを広げて子どもが手を拭く」という日常的な行動の中に、「身の回りを清潔に保つ心地よさを感じ、その習慣が少しずつ身に付く。」（健康・内容⑤）だけではなく、「保育士等や周囲の子ども等との安定した関係の中で、共に過ごす心地よさを感じる。」（人間関係・内容①）はもちろん、「身の回りの物に触れる中で、形、色、大きさ、量などの物の性質や仕組みに気付く。」（環境・内容③）、「保育士等の応答的な関わりや話しかけにより、自ら言葉を使おうとする。」（言葉・内容①）などがあります。これらの存在を意識し、子どもの育ちを支える視点をもって生活援助に臨むことが大切です。

遊びと5領域

　5領域に示された内容のひとつを取り上げて、特定の活動と結び付けることは、注意が必要です。遊びの中には、複数の領域で示されている内容が複合的に存在するからです。たとえば、お世話遊びであれば、「保育士等や周囲の子ども等との安定した関係の中で、共に過ごす心地よさを感じる。」（人間関係・内容①）、「身の回りに様々な人がいることに気付き、徐々に他の子どもと関わりをもって遊ぶ。」（人間関係・内容③）、「玩具、絵本、遊具などに興味をもち、それらを使った遊びを楽しむ。」（環境・内容②）、「保育士等とごっこ遊びをする中で、言葉のやり取りを楽しむ。」（言葉・内容⑤）、「保育士等からの話や、生活や遊びの中での出来事を通して、イメージを豊かにする。」（表現・内容⑤）などの事柄が存在します。子どもの遊び環境を構成する際には、それぞれの遊びに、どんな要素が含まれているのかを想定しておきましょう。

5領域を踏まえて構成する
生活と遊び

　生活の中にも、遊びの中にも、5領域に示された項目は存在します。同じ玩具を使っていても、子どもによって遊びの楽しみ方が異なると、存在する5領域の項目はおのずと異なります。また、子どもの年齢や月齢、発達の状態によっても異なるものとなります。一人ひとりの発達を踏まえ、生活と遊びの中で、5領域を意識することが大切です。

あとがき

　ひかりのくにから「3歳未満児の保育に特化した図書を作ろう」というお声掛けをいただいたのは、2012年の冬でした。まずは、目指す3歳未満児の保育の実例を関係者で共有するため、社会福祉法人園あい和北保育園にお邪魔し、関係者がそろって3歳未満児の保育を見学させていただきました。とても寒い日で、帰りに寄ったうどん屋さんで食べた温かいそばと、見学後の熱い語らいが昨日のことのように思い出されます。

　図書の企画は、2016年度から『月刊 保育とカリキュラム』でスタートした連載を土台にしよう、ということとなり、月刊誌での連載がスタートしました。私が語る「3歳未満児の保育」は"担当制"で行なうことが大前提ですが、連載当初は"担当制"という文言の扱いひとつにも微妙な緊張感が伴いました。2018年夏、単行本化の企画が承認を得た際には、「タイトルに"担当制"という文言は用いない」という判断が下され、忸怩たる思いを抱いたものでした。本書ではタイトルに"担当制"という文言を冠することができました。わずか2年前の出来事ですが、現在とは隔世の感があります。『月刊 保育とカリキュラム』連載では「育児担当制」の詳細に言及できたわけではないので、本書では"担当制"という表現にとどめることとしました。

　そうした経過のもと、最初の単行本企画から8年、『月刊 保育とカリキュラム』連載開始から4年を経て、ようやく1冊の図書として上しすることがかないました。最初の企画では、「おたより文書は大人向けのものだから、目にした大人が『ステキ』と思えるようなおしゃれなイラスト集も入れたいね」なんて案もありましたが、今回はシンプルに"担当制"を保育実践の軸として行なう3歳未満児の保育について執筆した連載をまとめました。3歳未満児の保育に携わる全ての方々の参考となれば幸いです。本書が3歳未満児の保育の質の向上に貢献できることを願ってやみません。

　ここまでに写真の撮影・提供でご協力いただいた保育園・幼保連携型認定こども園の先生方、そして子どもたちとご家族の皆様に心から感謝いたします。また、お世話になったひかりのくに書籍編集部の皆様と歴代編集者の方々、イラストレーターのにしださとこさんにも重ねてお礼申し上げます。そしてエディターとしても、また子どもと環境の豊かな表情を撮影してくださったカメラマンとしてもご尽力いただいた堤谷孝人さんに、敬意と感謝を捧げます。

西村真実

●引用文献

『インリアル・アプローチ―子どもとの豊かなコミュニケーションを築く』(竹田契一、里見恵子／編著　日本文化科学社　1994年)

『3000万語の格差―赤ちゃんの脳をつくる、親と保育者の話しかけ』(ダナ・サスキンド／著　掛札逸美／訳　高山静子／解説　明石書店　2018年)

●参考文献

『保育所保育指針』(厚生労働省　2008年)

『保育所保育指針解説書』(厚生労働省　2008年)

『保育所保育指針』(厚生労働省　2017年)

『保育所保育指針解説』(厚生労働省　2018年)

『子どもの発達と診断1―乳児期前半』(田中昌人、田中杉恵／著　有田知行／写真　大月書店　1981年)

『子どもの発達と診断2―乳児期後半』(田中昌人、田中杉恵／著　有田知行／写真　大月書店　1982年)

『子どもの発達と診断3―幼児期I』(田中昌人、田中杉恵／著　有田知行／写真　大月書店　1984年)

『子どもの発達と診断4―幼児期II』(田中昌人、田中杉恵／著　有田知行／写真　大月書店　1986年)

『発達がわかれば子どもが見える―0歳から就学までの目からウロコの保育実践』(田中真介／監修　乳幼児保育研究会／編著　ぎょうせい　2009年)

『言語発達とその支援』(岩立志津夫、小椋たみ子／編著　ミネルヴァ書房　2002年)

『認知発達とその支援』(田島信元、子安増生、森永良子、前川久男、菅野敦／編著　ミネルヴァ書房　2002年)

『0歳～5歳児までのコミュニケーションスキルの発達と診断―子ども・親・専門家をつなぐ』(B. バックレイ／著　丸野俊一／監訳　北大路書房　2004年)

『人間発達学―ヒトはどう育つのか』(竹下研三／著　中央法規　2009年)

『共同注意―新生児から2歳6か月までの発達過程』(大藪泰／著　川島書店　2004年)

『乳児保育――人ひとりが大切に育てられるために』(吉本和子／著　エイデル研究所　2002年)

『0歳児クラスの楽しい生活と遊び』(米山千恵、渡辺幸子／編著　明治図書　1997年)

『1歳児クラスの楽しい生活と遊び』(米山千恵、渡辺幸子／編著　明治図書　1998年)

『乳児保育の基本』(汐見稔幸、小西行郎、榊原洋一／編著　フレーベル館　2007年)

『乳児保育の実際―子どもの人格と向き合って』(コダーイ芸術教育研究所／著　明治図書　2006年)

『遠城寺式・乳幼児分析的発達検査法 (九大小児科改訂版)』(遠城寺宗徳、合屋長英／著　慶應義塾大学出版会　1977年)

『愛着と愛着障害―理論と証拠にもとづいた理解・臨床・介入のためのガイドブック』(ビビアン・プライア、ダーニヤ・グレイサー／著　加藤和生／監訳　北大路書房　2008年)

『赤ちゃんと脳科学』(小西行郎／著　集英社　2003年)

『赤ちゃん学を学ぶ人のために』(小西行郎、遠藤利彦／編　世界思想社　2012年)

『自我の芽生えとかみつき―かみつきからふりかえる保育』(八木義雄／監修　北九州市保育士会／編著　蒼丘書林　2013年)

『おむつのとれる子、とれない子　子育てと健康シリーズ4―排泄のしくみとおしっこトレーニング』(末松たか子／著　大月書店　1994年)

『やさしいおむつはずれ―じっくり見極めパッととる』(帆足英一／著　赤ちゃんとママ社　2009年)

『新・保育環境評価スケール②〈0・1・2歳〉』(テルマ・ハームス、デビィ・クレア、リチャード・M. クリフォード、ノリーン・イェゼジアン／著　埋橋玲子／訳　法律文化社　2018年)

『育児担当制による乳児保育―子どもの育ちを支える保育実践』(西村真実／著　中央法規　2019年)